AF316074

PROCÈS

DE M. L'ABBÉ

F. DE LA MENNAIS.

PROCÈS

DE M. L'ABBÉ

F. DE LA MENNAIS.

AVANT-PROPOS, par M. le comte O'Mahony;

PLAIDOYER de M. Berryer Fils;

RÉFLEXIONS sur l'attaque dirigée contre M. l'abbé F. de La Mennais, par M. Duplessis de Grenédan.

A PARIS,

AU BUREAU DU MÉMORIAL CATHOLIQUE,
RUE CASSETTE, N° 35.

M. DCCC. XXVI.

Imprimerie de GUEFFIER, rue Guénégaud, n° 31.

PROCÈS

DE M. L'ABBÉ F. DE LA MENNAIS.

AVANT-PROPOS.

Un grand scandale et une grande leçon viennent d'être donnés à la société.

Un prêtre de Jésus-Christ (et quel prêtre !) a été traîné devant les juges ordinaires des prostituées et des escrocs, pour y recevoir une leçon de droit canonique ; un substitut de procureur du Roi, faisant les fonctions de professeur de théologie, a déterminé la nature et posé les limites du pouvoir de l'Église universelle dans le ressort du département de la Seine ; et sur ses conclusions, un tribunal de police a infirmé les décisions des Saints Pères, et cassé les décrets des conciles : il a fait de la foi *correctionnelle*.

Certes, tout homme d'un autre siècle, qui reviendroit au monde, ne pourroit croire à de tels phénomènes. Mais les gallicans constitutionnels du jour trouvent cela tout simple ; a beaucoup d'entre eux, cela paroît même tout-à-fait juste et convenable : ils ne voient pas comment il pourroit en être autrement.

Nous laisserons ces hommes de côté. Car quelle langue leur parler, et que peut-on leur dire qu'ils puissent comprendre ? Il y a un degré d'abrutissement moral qui change, en quelque sorte, la nature même des êtres ; une fois descendu jusque-là, on est comme hors la loi des intelligences ; toutes communications spirituelles sont rompues : on ne s'entend même plus assez pour disputer.

Mais, grâces à Dieu, il est encore d'autres hommes (et s'il n'en étoit pas , la dernière heure du monde auroit sonné), il est encore des hommes de foi et de sens, et qui ont d'autant plus de sens qu'ils ont plus de foi. C'est à ceux-là, que nous nous adressons aujourd'hui. Car ceux-là ont mesuré, comme nous, l'énormité du scandale et approfondi la gravité de la leçon. Une société chrétienne, qui offre un pareil spectacle au monde, les a frappés d'étonnement; et éclairés par ce mémorable événement et par les hautes discussions auxquelles il a donné lieu, ils ont considéré le présent avec douleur et regardé l'avenir avec effroi.

Pour eux, en effet, le gallicanisme et l'ultramontanisme ne sont pas, comme on auroit voulu le leur faire croire, de subtiles et vaines dénominations scolastiques; ils ont vu le fond de la question; et rendant aux choses leur véritable caractère et aux mots leur véritable sens, ils ont compris que *ultramontain* signifie *romain*, que *romain* signifie *catholique*; et d'après la même méthode de traduire, ils ont également compris ce que, dans le langage du sens commun, signifie *gallican*.

Alors donc qu'ils ont vu s'engager la lutte, non pas entre les mots, mais entre les doctrines qu'ils représentent, ils en ont apprécié l'importance et calculé les résultats. Car, d'un côté, ils ont pu compter tous les ennemis secrets et avoués du pouvoir spirituel, tous les partisans de schismes présents ou *futurs*, tous les fauteurs d'hérésies nées ou *à naître*, unis et conjurés, malgré leurs haines particulières, dans l'intérêt de leur haine commune contre la doctrine qui les condamne tous; et, de l'autre, ils ont vu se lever d'un mouvement spontané tous les défenseurs ecclésiastiques ou laïques, de cette autorité une, infaillible, perpétuelle, universelle, source de tous les pouvoirs, sanction de toutes les lois, raison de tous les devoirs, juge de toutes les opinions, médiatrice de tous les différends, et par conséquent toujours, en tout, et partout, règle invariable de toutes les consciences.

Considérée sous cet aspect, le seul véritable, on voit combien la question s'étend et s'agrandit. Elle embrasse la société chrétienne toute entière, aujourd'hui divisée en deux peuples seulement, dont le premier reconnaît dans toute sa plénitude, et dont le second nie, en tout ou en partie, l'autorité du pouvoir spirituel. Entre eux il n'y a plus de milieu possible; et tout homme qui n'appartient pas à l'un appartient nécessairement à l'autre. Ainsi, sœurs dociles et obligeantes, nos *libertés* ont-elles successivement volé au secours de toutes les révoltes. Parlementaires, jansénistes, constitutionnels de 91, petite église de 1801, chrétiens-libéraux de 1826, tous s'en sont fait un appui. Bientôt, franchissant nos frontières, on les a vues, tantôt porter des arguments aux cortès d'Espagne, qui voulaient dépouiller l'Église en vertu du pouvoir temporel des peuples, et tantôt prêter main-forte au gouvernement belge, pour l'aider à fermer les séminaires catholiques en vertu du pouvoir spirituel des rois (1). Aussi complaisantes aux individus qu'aux nations, les écrivains, les orateurs, les publicistes de toutes les sectes ne les ont jamais invoquées en vain. Partout et toujours, en Allemagne, en Suisse, en Angleterre, en Écosse, ils ont appuyé leurs *protestations* sur nos *déclarations*; notre cause est devenue la leur : ainsi, grâces à ces alliances, nos *libertés* ne sont plus un trésor national; le gallicanisme est maintenant européen, et tout ce qui reste à la France, c'est l'honneur d'avoir été son berceau (2).

Maintenant, et quand on observe cette grande lutte dans ses

---

(1) *Voyez*, en ce qui concerne l'Espagne, les discours des Cortès dans cette discussion, et pour ce qui regarde la Belgique, divers actes récents de ce gouvernement, et entre autres, la lettre de M. Goubau, directeur-général des cultes, à monseigneur l'archevêque de Malines.

(2) A l'appui de cette observation que nous ne pouvons développer ici, nous donnerons, quelque jour, un extrait des lois et décrets, jugements des tribunaux, discours de tribune, sermons, traités, dissertations, journaux, et autres ouvrages, dans lesquels les révolutionnaires de tous les temps et de tous les pays, soit en religion, soit en politique, ont invoqué l'autorité des maximes gallicanes en faveur de leurs erreurs ou de leurs injustices. Ce recueil offrira aux gallicans, qui ne savent pas encore tout, une instruction aussi variée qu'inattendue.

causes , ses moyens , son but et ses résultats , sera-t-on surpris encore du mouvement qu'elle imprime aux esprits et de l'anxiété qu'elle excite dans les cœurs de tous les hommes de sens et de foi? et peut-on , au contraire , s'étonner assez de l'étrange reproche d'*inopportunité*, si obstinément adressé aujourd'hui aux défenseurs du Vicaire de Jésus-Christ? Quoi ! c'est à eux qu'il faudroit s'en prendre de *cette maladie indéfinissable qui semble nous travailler en ce moment* (1) ? Quoi! lorsque le genre humain, dévoré d'anarchie et écrasé sous le fardeau de son indépendance, cherche et appelle à grands cris l'autorité qui seule le peut sauver, s'il doit l'être; lorsque cette pensée, devenue profonde, intime, universelle , fruit de la réflexion chez les uns , de l'instinct chez les autres, besoin de la vie chez tous, les pousse de toutes parts à la poursuite du pouvoir, et pour ainsi dire , à la découverte de la souveraineté; lorsque, de son côté, la secte anti-chrétienne, anti-sociale, dans ses assemblées secrètes ou publiques, dans ses clubs, ses écoles, ses académies, ses théâtres, dans ses livres, ses pamphlets, ses journaux, partout enfin , lutte contre ce mouvement universel , et aux hommes qui demandent l'ordre, la paix et la vérité, prêche la licence , enseigne la révolte et prodigue le mensonge, et cela avec une liberté qui doit faire croire qu'on la juge bien innocente de *la maladie indéfinissable qui nous travaille ;* lorsque, en un mot, le monde remué jusque dans ses fondements, est en travail de la vie ou de la mort, on s'en viendra nous dire que ce sont quelques écrivains catholiques qui seuls troublent son repos, en réveillant ce qu'on appelle niaisement une vaine dispute théologique?

Certes, il faut bien compter sur la bonhomie du public pour lui dire sérieusement une si prodigieuse absurdité. Il faut croire qu'il n'a jamais rien lu, rien vu, rien observé, pour espérer de lui persuader qu'à cette époque, ou à toute autre époque du monde, les défenseurs de la vérité aient jamais pu (quand même ils l'auroient voulu) commencer aucun combat. Le sens seul des mots

______

(1) Discours de M. d'Hermopolis à la chambre des députés.

———

le démontre assez ; car pour qu'il y ait *défense*, il faut préalablement qu'il y ait eu *attaque*. Or, participant à l'éternité de Dieu,
dont elle émane, et antérieure à toutes les erreurs, tant que la
vérité règne seule, elle commande, elle enseigne, elle instruit ;
mais comment et qui attaqueroit-elle, comment et contre qui
combattroit-elle, à moins de s'attaquer et de se combattre
elle-même ? Apparoît-il une erreur ? c'est alors qu'une lutte
s'engage ; mais c'est toujours l'erreur qui la commence, ou
pour mieux dire, la lutte c'est l'erreur elle-même ; car toute erreur ne pouvant être qu'une vérité niée, et toute vérité *niée*
étant nécessairement une vérité *attaquée*, partout où il y a erreur, et tant qu'il y a erreur, il y a aussi combat. Plus ou moins
long, plus ou moins violent, l'issue pourtant n'en peut être dou-
teuse ; et l'erreur morte, la vérité rétablie dans ses droits, rentre
dans sa paix et se repose dans son triomphe. Nous le dirons
donc encore, et nous le répéterons jusqu'à ce qu'on veuille bien
le comprendre, en aucun cas les amis de la vérité ne sont et ne
peuvent être les agresseurs. S'ils combattent, c'est qu'ils se défendent ; s'ils parlent, c'est qu'ils répondent ; et le grand homme
dont on va lire la défense, n'auroit jamais fait le livre que la police a condamné, si des milliers de livres, que la police ne pour-
suit même pas, n'avoient précédé et provoqué le sien.

Mais quand même on supposeroit, par impossible, qu'une exception à la règle générale eût été faite pour M. de La Mennais,
et que cet ardent apôtre de la vérité eût pu, le premier, engager
le combat, croiroit-on avoir, par là, justifié le reproche d'*inopportunité* ? On accuse ses doctrines (qu'on appelle ses opinions)
d'avoir remué, troublé les esprits. Mais quand a-t-on pu remuer,
troubler des esprits avec des opinions ou des doctrines qui n'auroient pas été préalablement dans les esprits ? Fut-il jamais un
homme au monde, quelque puissance qu'on lui suppose, qui ait
su tout-à-coup attirer et fixer l'attention des autres hommes sur
une pensée étrangère à leurs pensées ? Qu'on essaie aujourd'hui,
par exemple, de *réveiller*, comme on dit, l'erreur des iconoclastes

ou de combattre l'hérésie des Pélagiens, qui vous lira, qui vous écoutera? personne assurément. Toutes les fois donc qu'un orateur, un écrivain, produit un mouvement général et spontané, c'est qu'il s'adresse à des pensées pour ainsi dire toutes vivantes ; c'est qu'il révèle aux hommes leurs propres sentiments ; c'est qu'il leur dit ce qu'ils se sont déjà dit à eux-mêmes ; c'est enfin qu'il développe un germe qui reposoit dans toutes les intelligences, et qu'il ne fait que constater une impression universellement sentie. Nous en trouverons une preuve remarquable dans la question même qui nous occupe ici.

Avant que M. de La Mennais examinât la nature et l'étendue du pouvoir Pontifical, des princes de l'Église, de savants docteurs, de grands écrivains, avoient traité cette matière. Un illustre publiciste, entre autres, M. de Maistre, dans son livre *du Pape*, et dans son *Traité de l'église gallicane*, avoit présenté la question sous toutes ses faces et avec toutes ses conséquences. Et cependant, qu'arriva-t-il? le livre circula paisiblement dans toute la France : il fut lu de même ; aucun réquisitoire ne vint troubler le repos du libraire ni le plaisir du lecteur. Les procureurs du Roi permirent à la foi d'avoir raison ; et les juges correctionnels ne disputèrent ni à l'auteur, ni à l'imprimeur, ni à l'éditeur, le droit d'être catholiques dans le royaume très-chrétien du fils aîné de l'Église. Or, pourquoi cette différence entre deux époques pourtant si rapprochées, et cette fortune diverse de deux écrivains, d'ailleurs si semblables par la foi, le génie et le courage? C'est que le premier écrivait pour prévenir un danger à venir, et que le second écrit pour signaler un danger présent ; c'est que l'un pouvoit bien contrarier, dans le lointain, quelques espérances coupables, mais que l'autre révèle et déjoue des complots tout formés ; enfin, c'est que pour bien comprendre alors celui-là, il falloit, comme lui, prévoir et calculer ; et que maintenant pour comprendre celui-ci, il suffit, avec tout le monde, de regarder et de voir.

Disons-le donc hautement, au risque d'être accusé aussi d'*inop*-.

portunité, le véritable crime de M. de La Mennais aux yeux des gallicans, et son premier titre à l'approbation des catholiques, c'est précisément l'*opportunité* même de son ouvrage. Redouté des uns comme un accusateur, accueilli des autres comme un défenseur, il a eu, auprès de la vérité et de l'erreur, le mérite et le tort de l'à-propos, et l'on peut dire qu'il en a obtenu tout à-la-fois un succès de haine et de reconnaissance. Si, au contraire, l'auteur n'eût traité que des questions étrangères aux idées, aux besoins, aux intérêts, aux passions du moment, s'il eût fait, en un mot, un livre *inutile*, certes on ne l'auroit pas nommé *intempestif*; car, aujourd'hui, ce qu'on demande à chacun, c'est de ne s'occuper de rien de ce qui occupe tout le monde. Mais l'effet même du livre a assez démontré sa nécessité ; ceux qui crient contre, le justifient par leurs cris mêmes, et la meilleure preuve que M. de La Mennais a eu raison de le faire, c'est la peine qu'on se donne pour prouver qu'il a tort de l'avoir fait.

Qu'on ne vienne donc plus reproduire contre les catholiques d'aussi absurdes accusations ; qu'on ne vienne plus dire qu'ils attaquent, quand ils ne font que se défendre : qu'ils troublent les esprits, quand ils ne travaillent, au contraire, qu'à calmer les esprits troublés : qu'ils réveillent des questions dont personne ne s'occupe, quand ces questions sont l'occupation principale de tout ce qui pense aujourd'hui dans la chrétienté ; qu'on ne vienne plus demander surtout quel bien il peut résulter de toutes ces discussions; car, encore une fois, il ne s'agit pas ici de savoir si c'est un bien ou un mal, mais seulement si c'est *une nécessité*. Or, demander aujourd'hui en Europe pourquoi l'on s'occupe, pourquoi l'on s'inquiète du gallicanisme, c'est comme si l'on demandoit pourquoi, dans un pays inondé, on s'occupe de la crue des eaux, ou pourquoi, quand un incendie éclate, on s'inquiète des progrès du feu.

Nous nous sommes étendus sur ces considérations, parce qu'il nous a paru important d'enlever une arme à la mauvaise foi et de préserver la simplicité d'un piége. Quant au fond de la

question, nous n'avons rien à dire. La partie légale est admira-
blement traitée, dans toute son étendue, dans le beau plaidoyer
qu'on va lire, et la partie dogmatique le sera dans une suite
d'ouvrages qui paroîtront incessamment, et que couronnera le
nouveau monument que M. de La Mennais doit élever à la vérité catholique, et dont il a déjà jeté les fondements.

En transmettant aujourd'hui sa défense à nos lecteurs, nous
ne pouvons donc que regretter qu'ils n'en aient pas été aussi les
auditeurs. Ils auroient vu quelle puissance la vérité exerce encore sur les hommes assemblés ; ils auroient vu s'élever, du
sein de tant d'opinions diverses, un hommage unanime vers un
grand homme, et un recueillement, pour ainsi dire pieux,
s'étendre dans tout l'auditoire, au moment où la vertu a paru
au banc des accusés ; ils auroient retrouvé là ce caractère tout
français, que l'inconvenance irrite, que l'iniquité révolte, et
dont l'admiration pour le génie devient presque un culte par la
persécution. Enfin, ils auroient applaudi au zèle, inspiré par
la justice et soutenu par l'amitié, de l'éloquent défenseur ; ils
auroient joui comme nous du triomphe du condamné ; et
comme nous aussi, ils auroient rougi de l'embarras de son accusateur et compati au malheur de ses juges (1) !

Le comte O'Mahony.

(1) Nous saisissons cette occasion de témoigner au président du tribunal,
M. de Belleyme, notre reconnoissance pour la manière pleine de noblesse
et de dignité avec laquelle il a tenu ces audiences mémorables. Nous con-
noissons ses sentiments comme chrétien, nous apprécions sa position
comme juge, mais nous savons aussi que les jugements se rendent à la ma-
jorité.

PLAIDOYER

DE M^e. BERRYER FILS, POUR M. L'ABBÉ F. DE LA MENNAIS, RECUEILLI PAR LE STÉNOGRAPHE A L'AUDIENCE DU TRIBUNAL DE POLICE COR-RECTIONNELLE, LE 21 AVRIL 1826.

MESSIEURS,

Lorsque, dans l'ordre social, il se manifeste une contradiction choquante entre les mœurs et les lois, de pénibles impressions blessent tous les esprits et pénètrent les cœurs. Aussi n'est-il pas un homme de bien en France qui n'ait hautement exprimé et son indignation et sa surprise, dès qu'on a connu l'affligeante accusation sur laquelle vous êtes appelés à prononcer. Vous n'avez pu vous-mêmes rester étrangers à de douloureuses pensées, je me garderai donc de chercher à ranimer dans vos cœurs ces émotions honorables, je sens que pour réclamer de vous la plus religieuse attention, pour obtenir un acte ferme et solennel de votre justice, il suffit du spectacle en ce moment offert à vos yeux.

Une discussion théologique, une controverse sur des points de doctrine et de discipline religieuses vont être agitées dans l'enceinte de la police correctionnelle ! un prêtre de l'Église catholique est amené à cette barre ! un écrivain que l'Europe littéraire honore de ses suffrages, dont la religion applaudit et bénit les travaux, est poursuivi et confondu avec les libellistes et les pamphlétaires ! est-ce donc que de nos jours on veut mettre en oubli et la majesté de la loi chrétienne, et la vénération due à un ministère sacré, et jusqu'au respect qu'inspira toujours la dignité du talent ?

La conscience publique en est si profondément offensée, que de toutes parts on se refusait à croire que M. de La Mennais dût se présenter à votre audience. Mais lui, Messieurs, ferme et inébranlable dans sa foi, dans ses devoirs et comme prêtre et comme catholique, il n'est pas moins fidèle à ses devoirs comme sujet; il sait honorer la justice du Roi, et n'a point hésité à comparoître devant vous aussitôt que la citation lui a été donnée.

Cet acte de poursuite judiciaire énumère longuement les délits dont M. de La Mennais est accusé : Attaque contre la dignité royale, attaque contre les droits que le Roi tient de sa naissance, attaque contre son autorité constitutionnelle, attaque contre l'inviolabilité de la couronne, provocation à la désobéissance aux lois du royaume.

Je l'avouerai, après avoir fait l'étude la plus approfondie du livre qui vous est dénoncé, je comprends difficilement comment on a pu y découvrir un si grand nombre de délits ; je comprends moins encore comment on a pu concevoir l'idée de livrer à la police correctionnelle le jugement des propositions qu'on prétend condamner dans cet ouvrage.

Pour détourner une aussi funeste pensée, ne suffisoit-il pas de se demander quel est le but que l'auteur s'est proposé, dans quelle intention, dans quelles circonstances surtout il a publié son livre ?

En ce moment où la société française, bouleversée par la plus effrayante tempête que le monde ait jamais vue, est agitée encore par les efforts mêmes qu'elle fait pour rentrer dans l'ordre et se replacer sur de solides fondements ; tandis qu'au milieu de la tourmente des esprits, nul principe n'est avoué, nulle règle n'est consacrée, tout droit est contesté, la nature, l'étendue, l'origine de la souveraineté sont méconnues ; tandis qu'une lutte violente est engagée entre les opinions, les passions, les intérêts, la témérité des innovations, les vains conseils de l'expérience, *les uns blasphémant ce qu'ils ignorent, les autres se corrompant dans ce qu'ils savent,* un prêtre élève la voix et dit :

« Peuples catholiques, trop long-temps de funestes erreurs ont troublé le monde ; tour-à-tour et les excès de la multitude et le délire d'un seul ont pesé sur vous. Il n'est pas vrai que le gouvernement des états puisse être livré aux volontés de tous ; il n'est pas vrai que les peuples possèdent en eux-mêmes la souveraineté ; gardez-vous de consacrer cet effrayant pouvoir qui brise à son gré et les lois et les mœurs et les justices et les trônes de la terre! Il n'est pas vrai non plus qu'aucun homme ait en lui-même un droit de souveraineté arbitraire qui ne serait soumise ici-bas à aucune loi, aucune règle, aucun frein !

» Ecoutez ce que l'Eglise vous enseigne : La souveraineté vient de Dieu ; elle doit se régler suivant la loi divine ; cette loi immuable est maintenue sur la terre par une autorité qui ne périra pas. Les peuples qui s'écartent de la loi de Dieu se précipitent dans le désordre et l'anarchie! »

Lorsqu'on n'a pas craint de venir dire, en cette enceinte, qu'un tel langage n'exprimait que *des opinions factieuses*, que de *séditieuses propositions*; lorsqu'on s'est écrié hardiment : *voilà un ministre des autels qui excite les peuples à la révolte*, vous avez dû croire, Messieurs, que pour justifier cet inconcevable reproche, on vous présenterait une analyse grave et approfondie du livre que l'on vous dénonce; et que, dans une si importante matière, la doctrine de l'auteur allait être développée dans son ensemble et combattue par une réfutation imposante et complète. C'eût été le moyen et de prouver qu'on a bien compris l'ouvrage qu'on accuse, et de faire comprendre aussi le système de l'accusation.

M. l'avocat du Roi n'a pas jugé à propos de suivre cette marche et de tenter une œuvre apparemment trop difficile. Il n'a pas même cru qu'il fût nécessaire de mettre sous vos yeux tous les passages qui avaient été signalés dans l'assignation. Je regrette particulièrement qu'il ait omis de citer la note de la page 155, où M. de La Mennais résume en peu de mots toute sa doctrine.

« Nous nous bornâmes, dit il, à établir que les Papes n'ont aucun pouvoir sur *le temporel des rois*, ce qui est vrai en ce sens que les Papes ne peuvent disposer des royaumes à leur volonté, et que le Roi, comme nous l'avons dit, possède dans son royaume la *plénitude de l'autorité temporelle*. Mais cette autorité n'est pas sans règle, elle n'est pas indépendante d'une loi supérieure, sans quoi elle serait dépourvue de droit; et c'est ce qu'il est devenu nécessaire d'expliquer, bien plus pour l'intérêt des rois, que pour l'intérêt de l'Église, qui a des promesses que n'ont pas les rois. »

En écoutant le réquisitoire du ministère public, j'attendais qu'il nous apprît ce qu'il faut censurer dans ces paroles. M. l'avocat du Roi a mieux aimé dire vaguement que le livre de M. de La Mennais contient des propositions surannées, qu'il veut ériger en dogmes catholiques; puis il a cité çà et là quelques phrases souvent morcelées et toujours séparées de ce qui les explique ou les modifie. Une telle méthode rend la discussion difficile, une accusation qui marche ainsi au hasard manque et de clarté et de bonne foi; j'essaierai cependant de la suivre dans ses égarements : mais je sens que je ne pourrai pas traverser cette cause avec l'étonnante rapidité qui a entraîné le ministère public. Pardonnez-moi donc, Messieurs, une sage lenteur; mon premier soin sera de relire avec plus d'attention, et plus complètement, les passages incriminés.

Les citations de M. l'avocat du Roi sont principalement extraites du paragraphe 1.er (p. 104), où l'auteur examine cette proposition : *La souveraineté temporelle suivant l'institution divine est complètement indépendante de la puissance spirituelle.*

' Vous ne négligerez pas, Messieurs, de relire en entier toute cette partie de l'ouvrage, et vous vous arrêterez à ces paroles par lesquelles l'auteur résume son examen (p. 135) :

« Ces derniers temps n'ont été pour les rois que trop fertiles en instructions sévères. Les nations ont aussi reçu de terribles avertissements. Si la raison, si l'expérience ont quelque empire sur cette terre, les peuples et les rois doivent être las de se disputer un pouvoir sans règle et sans frein, un pouvoir impossible à établir, impossible à maintenir tel qu'ils le conçoivent, et qui finit infailliblement par conduire tôt ou

tard les rois à l'échafaud, les peuples à l'anarchie et à toutes les cala-
mités. »

Est-il donc vrai que le prêtre qui rappelle au monde ces salu-
taires leçons soit un factieux et un rebelle ? Où donc s'est-il
lui-même contredit à ce point, ou plutôt comment est-on par-
venu à dénaturer ainsi sa pensée ? Vous l'allez voir, Messieurs,
écoutez et remarquez le choix et la coupure des citations faites
par le ministère public.

Il vous a lu d'abord la page 107, elle est ainsi conçue :

« Qu'importe les systèmes de quelques rêveurs, confondus par les
croyances et la raison de tous les âges ? Instruits par la tradition de la
nature du pouvoir et de son origine, les peuples *ne virent* jamais dans
la souveraineté qu'une puissance dérivée de Dieu, établie pour maintenir l'ordre, et assujettie, dans son exercice, à la loi donnée primiti-
vement au genre humain ; et lorsque cette loi de justice éternelle a été
fondamentalement violée, lorsque l'ordre a paru attaqué dans son es-
sence, *ils ont cessé* de reconnaître le droit dans le funeste usage de la
force ; et toutes les fois que la souveraineté s'est ainsi affranchie de
l'obéissance à Dieu, *ils se sont crus dégagés* eux-mêmes de l'obéissance
envers elle. Il ne s'agit pas de savoir si les peuples, qui ont aussi leurs
passions, ne furent point, en beaucoup de circonstances, égarés par
elles. Laissant à part la discussion des faits particuliers, *nous constatons
un fait* universel, perpétuel, et par conséquent une loi indestructible de
l'ordre moral. Or, *il est de fait* qu'en tous temps, en tous lieux, le pouvoir injuste, oppressif, qui, gouvernant par ses seuls caprices, a foulé
aux pieds la loi de Dieu, n'a plus été dès-lors regardé comme pouvoir
et que, le supposant déchu, en vertu même de l'institution divine, la
société s'est cru le droit, pour assurer son existence, de lui substituer un
vrai et légitime pouvoir, ou un pouvoir conservateur : et quand ce senti-
timent des devoirs des souverains, ce sentiment du juste et de l'injuste
s'est éteint dans un peuple, comme il arriva chez les Romains sous les
empereurs, ce fut toujours pour ce peuple un signe de mort, et l'an-
nonce de la dissolution prochaine et totale de la société. »

Il importe de remarquer ici que nulle part en son livre l'auteur n'a voulu définir un dogme, qu'il s'est proposé seulement
de constater la doctrine de l'Église ; qu'en cet endroit, il expose

(18)

un fait universel, établi par l'histoire. Il eût été juste de dire
que, dans toute cette partie de l'ouvrage, M. de La Mennais
invoque l'autorité de Fénélon, et que notamment à la page 117
il cite, à l'appui de ce que nous venons de lire, ces propres
paroles de l'illustre archevêque :

« Il n'est pas étonnant que des nations profondément attachées à la
religion catholique, secouassent le joug d'un prince excommunié, car
elles n'étoient soumises au prince qu'en vertu de la même loi qui sou-
mettait le prince à la religion catholique. Or le prince excommunié
par l'Église, pour cause d'hérésie, ou de son administration criminelle
et impie, n'étoit plus censé ce prince pieux à qui toute la nation s'étoit
commise ; et *elle se croyoit* en conséquence déliée du serment de
fidélité. »

M. l'avocat du Roi a cité ensuite, aux pages 108 et 109, le
passage que voici :

« Tout ce qui est divin, tout ce qui exprime les rapports naturels des
êtres, étant inaltérable en soi, le christianisme n'abolit point l'ordre pri-
mitif, il le perfectionna., et la parole du Christ : *Je ne suis point venu
détruire la loi, mais l'accomplir*, est rigoureusement vraie dans tous les
sens. L'antique religion, en se développant, demeura toujours la base nécessaire de la société, le fondement du droit et du pouvoir ; mais son action se
manifesta sous une forme nouvelle et plus parfaite, dès que le christianisme eut acquis, pour ainsi parler, une existence publique. Jésus-Christ
avait fondé une société spirituelle, gardienne infaillible de la doctrine,
et investie, dans l'ordre du salut, d'une puissance indépendante de gouvernement. Dès-lors toutes les grandes questions de justice sociale, tous
les doutes sur la loi divine, sur la souveraineté et sur ses devoirs, autrefois décidés par le peuple, durent l'être par l'Église, et ne purent l'être
que par elle chez les nations chrétiennes, puisque l'Église, seule dépo-
sitaire de la loi divine, étoit chargée par Jésus-Christ même de la conser-
ver, de la défendre, et de l'interpréter infailliblement. »

Il y a peu de loyauté à s'arrêter ici, il falloit lire quelques
lignes encore et montrer l'auteur s'appuyant sur l'irrécusable
autorité de Bossuet ; les citations complètes sont en quelque
sorte le récit sincère des faits de la cause. Je continue donc :

« La plus longue durée des empires chrétiens, et leurs révolutions moins fréquentes, sont uniquement dues à cette admirable institution qui mit le pouvoir des rois à l'abri des erreurs et des passions de la multitude, ainsi que Bossuet lui-même le reconnoît. *On montre plus clair que le jour, dit-il, que s'il falloit comparer les deux sentiments, celui qui soumet le temporel des souverains aux Papes, et celui qui le soumet au peuple, ce dernier parti où la fureur, où le caprice, où l'ignorance et l'emportement dominent le plus, seroit aussi sans hésiter le plus à craindre. L'expérience a fait voir la vérité de ce sentiment, et notre age seul a montré, parmi ceux qui ont abandonné les souverains aux cruelles bizarreries de la multitude, plus d'exemples et plus tragiques contre la personne et la puissance des rois, qu'on n'en trouve durant six a sept cents ans parmi les peuples qui en ce point ont reconnu le pouvoir de Rome.* »

Je ne me propose pas assurément de discuter les réflexions que vous venez d'entendre, je m'occupe en ce moment de bien établir la matière du procès et je vous fais seulement remarquer qu'il s'agiroit de juger quels sont en effet les droits de cette *société spirituelle, gardienne infaillible de la doctrine, et investie, dans l'ordre du salut, d'une puissance indépendante de gouvernement.* Pour que les termes de la question qui vous est soumise soient bien compris, j'appelle votre attention sur la page 114. Ce n'est point l'auteur qui parle, c'est Fénélon :

« Ainsi l'Église ne destituoit ni n'instituoit les princes laïques ; elle répondoit seulement aux peuples qui la consultoient sur ce qui touchoit la conscience, à raison du contrat et du serment. Or, ce n'est pas là une puissance civile et juridique, mais la puissance *directive* et *ordinative* qu'approuve Gerson. »

Ici M. de La Mennais rappelle, avec l'archevêque de Cambrai, les exemples du quatrième concile de Latran et du premier concile de Lyon, il invoque ces paroles de Jésus-Christ : *Tout ce que vous lierez sur la terre sera lié dans le ciel, etc.*

Permettez-moi, Messieurs, de ne faire encore aucune réflexion et de poursuivre la lecture des passages que M. l'avocat du Roi a livrés à votre jugement.

Page 123 :

« L'histoire, depuis lors, ne cesse de montrer cette juridiction coac-
tive exercée par les Papes, exercée par les Conciles, non, à la vérité,
sans résistance de la part des princes, mais sans que ni les princes ni
leurs flatteurs osassent, jusqu'à la réforme, contester le droit fondamental de l'Église. Et c'est qu'en effet l'on ne peut le contester, à moins
d'accuser l'Église entière d'erreur et d'usurpation, c'est-à-dire, à moins
de renoncer à la foi catholique. Leibnitz lui-même en fait la remarque :
*Les arguments de Bellarmin, dit-il, qui, de la supposition que les Papes
ont la juridiction sur le spirituel, infère qu'ils ont une juridiction au moins
indirecte sur le temporel, n'ont pas paru méprisables à Hobbes même. Effec-
tivement, IL EST CERTAIN que celui qui a reçu une pleine puissance de Dieu
pour procurer le salut des âmes, a le pouvoir de réprimer la tyrannie et
l'ambition des grands, qui font périr un si grand nombre d'âmes.* »

Ici encore la citation a été incomplète, je dois l'achever, c'est
toujours Leibnitz qui parle :

« *On peut douter, je l'avoue, si le Pape a reçu de Dieu une telle puissance; MAIS PERSONNE NE DOUTE, DU MOINS PARMI LES CATHOLIQUES ROMAINS,
que cette puissance ne réside dans l'Église universelle, à laquelle toutes les
consciences sont soumises.* »

En vous dénonçant ce passage et en vous proposant de condamner aujourd'hui les phrases où un protestant célèbre rend
témoignage sur la foi de tous les catholiques romains, M. l'a-
vocat du Roi auroit dû vous dire, comme le prouve une note
placée au bas de la page, que les phrases qui précèdent la
citation de Leibnitz sont traduites d'un livre publié en 1615,
par Gabriel Gramond, président au parlement de Toulouse.

Dans la page 121, on dénonce à toute la sévérité de vos sen-
tences la phrase suivante :

« Ainsi l'Église possède sur tous ses membres, et sur les souverains
comme sur les sujets, *une puissance coercitive, un pouvoir de coaction
pour les forcer à une soumission extérieure.* »

Pourquoi M. l'avocat du Roi s'arrête-t-il ici sur une virgule,

(21)

il ne restoit que deux lignes à lire pour que vous fussiez bien
avertis, les voici :

« suivant les propres paroles de la faculté de théologie de Paris, qui
déclare *hérétique* la proposition contraire. »

En effet les termes de la censure de la faculté de théologie
sont au bas de la page : *Hæc propositio, quá parte veram juris-
dictionem, id est vim coactivam et subjectionem externam Ecclesiæ
denegat, est hæretica et totius ordinis hierarchici perturbativa
atque confusionem babylonicam in Ecclesiá generans.*

J'arrive enfin, Messieurs, à la dernière citation qui vous a été
faite, c'est celle de la page 120 :

« Qu'enseigne l'Église sur ce pouvoir qu'elle a reçu de Jésus-Christ ?
». Elle dit aux peuples : Il y a deux puissances, divines toutes deux
par leur origine, *car toute puissance est de Dieu :* mais, à raison même de
leur nature et de leur fin, il existe entre elles une subordination nécessaire, *et autant l'ame est au-dessus du corps, autant le sacerdoce est au-
dessus de l'empire.*

» L'obéissance est due à chacun dans son ordre : Rendez à César ce
qui est à César, et à Dieu ce qui est à Dieu.

» Que s'il s'élève des doutes sur l'usage que César fait de son autorité,
et sur son autorité même, vous n'êtes pas juges ; adressez vous à *la plus
haute puissance*, et obéissez à ce qu'elle ordonnera. Voilà ce que l'Église
dit aux peuples.

» Elle dit aux rois : Il est écrit que nous devons être soumis à toute
puissance. Ainsi nous sommes soumis aux puissances humaines, en ce
qui est de leur ressort, tant qu'elles ne s'élèvent pas contre Dieu. Mais
si toute puissance est de Dieu, bien plus donc la puissance préposée aux
choses divines. Obéissez à Dieu en nous, et nous lui obéirons en vous.
Que si vous refusez d'obéir à Dieu, vous ne pouvez user du privilége de
celui dont vous méprisez les commandements. »

Puisque M. l'avocat du Roi se proposoit d'accuser tout ce
passage, auroit-il dû se borner à une simple lecture ? Ne devoit-il
pas vous prévenir que la première phrase est traduite des cons-
titutions apostoliques, la seconde de saint Grégoire de Naziance,
la troisième de l'évangéliste saint Marc ; la quatrième de l'apôtre

saint Paul ; qu'enfin le dernier paragraphe est, en son entier, la traduction littérale d'une lettre du pape saint Symmaque à l'empereur Anasthase ?

Voilà donc le corps du délit ; c'est dans ces pages détachées de l'ouvrage qu'on a prétendu découvrir des *germes de désordre ! une prédication de la révolte ! un enseignement aux sujets du droit de résistance contre les princes ! !...*

Il faut, pour condamner l'auteur, flétrir les opinions de Fénélon et de Bossuet, réformer les censures de la Sorbonne, condamner et les Pâpes et les pères de l'Église, et les saints et les apôtres, discuter dans une juridiction laïque les décisions des conciles, commenter les livres sacrés, que dis-je, interpréter les paroles mêmes de Jésus-Christ ; car M. l'avocat du Roi, avec toute l'autorité séculière dont il est armé, n'a pas hésité à vous enseigner comment des magistrats catholiques doivent entendre ce commandement divin : *Rendez à César ce qui est à César, et à Dieu ce qui est à Dieu* ; ne négligeant pas de vous faire cette observation peu concluante que le Sauveur du monde s'adressoit alors aux sujets de Tibère.

Pour repousser l'accusation il me faudroit donc théologiquement et dogmatiquement disputer sur le véritable sens des saints livres, et la lutte seroit engagée entre l'avocat du Roi et l'avocat du prévenu à qui expliquera le mieux le texte de l'Évangile !

Quant à moi, Messieurs, je n'hésite point à déclarer que je ne me sens ni la force, ni le courage d'entrer dans une pareille discussion, au péril du scandale qu'elle feroit naître. Je dirai plus, je n'en ai pas le droit. Quand un prêtre de ma religion enseigne la doctrine, il ne m'appartient ni de la justifier, ni de l'examiner ; si ce prêtre est accusé d'erreur dans ses enseignements, je ne peux le défendre, et vous il vous est interdit de le juger. Depuis quand en effet les questions qui intéressent la doctrine de l'Église sont-elles tombées au pouvoir des juges laïques ? Cause étrange ! où la religion et la conscience ne permettent pas l'examen à l'avocat, lui ravissent même l'exercice de la défense, et laisse-

fôient au juge la liberté de prononcer! Un spectacle nouveau
pour le monde catholique seroit offert à la génération présente.
Sans doute un nouvel ordre de choses nous gouverne , mais ,
placées au-dessus du mouvement destructeur des institutions
humaines , les lois de l'Eglise de Dieu ne sont point emportées
par ces révolutions passagères , et vos lois elles-mêmes pro-
clament encore que nous sommes et que nous devons être fidèles
à cette Église gardienne de la religion de nos aïeux.

Lors donc que par un retour insensé à des temps qui ne sont
plus, on ranime des querelles éteintes , on répand de puériles
alarmes , lorsque sous prétexte de combattre de prétendus envahissements de l'autorité spirituelle sur le pouvoir temporel,
on livre le combat à la loi religieuse et au sacerdoce , il est
nécessaire de dire quels sont les droits des ministres de l'Église
qui jamais du moins n'avoient été contestés.

Ne croyez pas, Messieurs , que je veuille reproduire en
ce moment devant vous des maximes dont l'autorité seroit jus-
tement méconnue de nos jours , il ne s'agit pas de renouveler
les disputes sur le décret de Gratien et de ressusciter ce principe de
jurisprudence qui fut d'ailleurs si long-temps maintenu dans le
royaume : Qu'en toute matière les prêtres ne peuvent être soumis aux jugements humains. Je ne viens pas réclamer les immu-
nités jadis établies en faveur des ecclésiastiques , ou le bénéfice
de ces anciennes ordonnances suivant lesquelles , en matière de
délit ou de crime commis par des ecclésiastiques , l'instruction
devoit se faire conjointement par le juge de l'Eglise et le juge sé-
culier. Toutes ces maximes de notre ancien droit étaient liées
aux formes mêmes d'institutions qui ne sont plus ; mais restent
encore d'immuables vérités, saintes comme notre foi, et qui,
comme la religion catholique, ont gardé leur autorité dans le
royaume et défendent à tout laïque de se constituer jamais juge
de la doctrine religieuse.

« Il faut revenir, dit l'abbé Fleury (1), à la distinction de la

____

(1) *Institution au droit ecclésiastique* ; tome II , pages 16 et 17.

» juridiction propre et essentielle à l'Église et de celle qui lui est
» étrangère. L'Église a , par elle-même, le droit de décider toutes
» les questions de doctrine , soit sur la foi, soit sur la règle des
» mœurs........... Voilà les droits essentiels à l'Église , dont elle a
» joui sous les empereurs païens et qui ne peuvent lui être ôtés
» par aucune puissance humaine. »

Dans un réquisitoire du 20 février 1731, M. Gilbert des Voisins disoit, en rappelant ces mêmes paroles de Fleury : « Ce digne
» interprète de la doctrine et des maximes de la France semble
» avoir rassemblé, dans cet endroit, tout ce qu'on trouve avec
» plus d'étendue, soit dans nos auteurs les plus éclairés, soit
» dans les canons, et les autres monuments de la plus vénérable
» antiquité. »

Nous savons, dit M. d'Aguesseau, en demandant au parlement l'enregistrement des lettres patentes du Roi pour l'exécution en France de la bulle du Pape qui condamnoit le livre
des Maximes des Saints, « nous savons que le pouvoir des évê-
» ques et l'autorité attachée à leur caractère, d'être juges des
» causes qui regardent la foi, est un droit aussi ancien que la re-
» ligion , aussi divin que l'institution de l'épiscopat, aussi im-
» muable que la parole de J.-C. même.

» Que cette doctrine établie par l'Ecriture, confirmée par le
» premier usage de l'Eglise naissante, soutenue par l'exemple de
» ce qui s'est passé d'âge en âge et de génération en génération
» dans les causes de la foi, transmise jusqu'à nous par les pères
» et les docteurs de l'Église, enseignée par les plus saints Papes ,
» attestée dans tous les siècles par la bouche de ceux qui compo-
» sent la chaîne indissoluble de la tradition, et surtout par les
» témoignages anciens et nouveaux de l'Eglise de France , n'a pas
» besoin du secours de notre foible voix, pour être regardée
» comme une de ces vérités capitales que l'on ne peut attaquer sans
» ébranler l'édifice de l'Église dans ses plus solides fondements. »

 Ces principes ont été consacrés par un arrêt du Conseil
du 10 mars 1731, arrêt sur lequel j'appellerai plus tard toute

votre attention. Pour bien faire comprendre enfin quelle peut
être l'intervention de l'autorité civile, lorsqu'il s'agit de statuer
sur une question de doctrine touchant la religion, il me suffira
de remettre sous vos yeux quelques passages d'un livre fort esti-
mé des jurisconsultes, c'est le *Traité de l'autorité des rois
touchant l'administration de l'Église*, ouvrage qu'on a attribué
à M. l'avocat-général Talon. J'y lis aux pages 164 et suivantes :

« A considérer la doctrine de l'Église en soi, il est certain,
» comme j'ai dit, qu'elle est indépendante de l'autorité des rois...;
» et quant à l'impression des livres qui concernent la religion,
» il appartient sans doute à l'Eglise, suivant nos principes, d'en
» approuver ou d'en censurer la doctrine.......

» Mais ce n'est pas assez pour l'instruction des peuples de leur
» expliquer la foi, si l'on ne prend le soin de la purger des er-
» reurs qui s'y peuvent quelquefois mettre ; or, il n'y a pas de
» doute que c'est à l'Eglise à les décider, parce que cela dépend
» de la parole de la doctrine, c'est-à-dire, de la science des mi-
» nistres de la foi ; mais c'est au roi à procurer ce discernement
» et la condamnation des erreurs.... C'est de là que vient donc,
» que nous avons vu nos rois se mêler de ce point de la discipline
» en trois façons.

» Tantôt ils ont fait examiner les questions par les prélats
» de leur royaume, ou par l'université de Paris, autorisant en-
» suite leurs décisions par des édits ou déclarations et les fai-
» sant homologuer par des arrêts de leur parlement, ou les fai-
» sant observer par d'autres lois, dont nous avons vu et remar-
» qué des exemples célèbres sous Philippe de Valois, Louis XII
» et François Ier.

» Tantôt ils ont envoyé les difficultés aux Papes, aux juge-
» ments desquels ils ont obligé les parties de s'en rapporter, ce
» que nous avons vu pratiquer de notre temps ; mais la meilleure
» et la plus ancienne voie, c'est celle des conciles qu'ils ont pro
» voqués ou même convoqués. »

Je pourrois, Messieurs, vous présenter d'autres autorités ; celles

que je viens de citer sont assez imposantes pour que toute confu
sion de pouvoir soit désormais évitée ; comme jurisconsultes et
comme catholiques vous reconnoîtrez que dans toutes les questions qui intéressent le pouvoir spirituel, ce n'est pas à vous
qu'appartient la juridiction. Le jugement en ces matières ne
peut être prononcé par des tribunaux laïques, et toutes les
fois que l'examen d'un prétendu délit se confond avec la décision d'un point de doctrine religieuse, l'intervention de l'autorité civile ne doit avoir d'autre objet que de solliciter le jugement de l'Église. Il faut que l'Église prononce, et quand elle a
parlé, le devoir du pouvoir temporel est de faire respecter
ses arrêts. L'évêque du dehors, suivant les paroles de Fénélon,
ne doit jamais entreprendre la fonction de celui du dedans. Il se
tient le glaive en main à la porte du sanctuaire ; mais il prend
garde de n'y entrer pas. En même temps qu'il protége, il obéit ;
il protége les décisions, *mais il n'en fait aucune.*

. A Dieu ne plaise que le protecteur gouverne, ni prévienne
jamais en rien ce que l'Église réglera ! il attend, il écoute hum-
blement, il croit sans hésiter, il obéit lui-même, et fait autant
obéir par l'autorité de son exemple que par la puissance qu'il
tient dans ses mains ; autrement la protection ne seroit plus un
secours, mais un joug déguisé. Voilà, Messieurs, des maximes
jusqu'à ce jour respectées, des vérités de notre foi, voilà les
principes de la religion de l'Etat. Certes, des magistrats chrétiens mettront quelque importance à respecter les droits de l'autorité spirituelle, au moment même où l'on prétend qu'il est
nécessaire plus que jamais de poser des limites entre les deux
puissances.

Ne l'oubliez donc pas : en toutes les questions de l'ordre religieux, et celle qui nous occupe est de ce genre, elle est des
plus graves peut-être, l'autorité civile n'a point le droit de juger.
Vous n'avez point cette compétence, Messieurs ! vous ne tenterez
pas de l'usurper, et je n'aurai pas moi-même le tort d'avoir
soumis à votre juridiction des questions qui doivent lui rester
étrangères.

Vaine ét inutile objection, vous a-t-on dit, la nature des questions agitées, la célébrité de l'auteur, ses hautes lumières, son caractère sacré ne peuvent arrêter l'essor d'un réquisitoire de M. l'avocat du Roi. Chrétien ét catholique sans doute, ce magistrat se montre surtout fort attaché à ce qu'il appelle les maximes de notre droit public; c'est ce code politique qu'il veut venger. M. de La Mennais, dit-il, a publié des maximes contraires à la loi fondamentale de l'État, il a violé cette loi, il a provoqué les peuples à lui désobéir. Que ce prétre soit donc châtié par un jugement de police correctionnelle. C'est ici que le ministère public a rassemblé toute l'érudition et toutes les forces de l'accusation : cette loi fondamentale de l'État dont il veut parler, c'est l'édit du mois de mars 1682, loi qui, selon lui, ne renferme que des principes conformes aux maximes et aux libertés constamment professées et défendues dans le royaume. Tous les souvenirs de notre histoire ont été invoqués pour vous démontrer l'existence actuelle de ce monument de législation, qui, à peine connu des contemporains, seroit, en quelque sorte, à leur insu, la base de tout l'ordre social. Il ne s'agiroit donc plus de s'occuper des opinions de l'auteur en elles-mêmes, il ne faut plus craindre de commettre un grand envahissement de la puissance spirituelle, en se constituant juge de la doctrine; le procès reposeroit tout entier sur l'examen d'un fait matériel que votre juridiction peut atteindre : la provocation à la désobéissance à une loi du royaume.

Ici, en effet, la question rentre dans le domaine judiciaire; elle intéresse grandement et la religion et la monarchie, et l'ordre de l'Eglise et la police de l'Etat. Je peux et je dois examiner s'il est vrai, comme on le prétend, que les maximes de la déclaration de 1682 aient été constamment respectées en France, s'il est vrai que l'édit de Louis XIV de la même année ait conservé quelque autorité légale dans le royaume.

Il seroit difficile de remonter à l'origine de ce qu'on a appelé les *libertés de l'église gallicane*. Les plus savants auteurs qui ont traité cette matière ont eu quelque peine à les définir, et il n'est pas sans intérêt de remarquer que, suivant l'abbé Fleury lui-même, les défenseurs de ces libertés ont été le plus souvent *des jurisconsultes et des politiques d'une conduite peu régulière, des docteurs quelquefois moins pieux et moins exemplaires en leurs mœurs que ceux qui enseignoient la doctrine contraire.*

Si nous remontons aux premières querelles engagées entre les deux puissances, nous observerons, Messieurs, que ceux qui les premiers attaquèrent l'autorité du Pape, établirent en même temps les principes de la souveraineté du peuple. Ainsi Gerson n'hésite point à dire : *Lorsqu'il s'agit de remédier aux maux de l'Eglise, et d'un état quelconque, les sujets sont les maîtres et les juges des souverains.* Almain et Jean Major tinrent le même langage ; selon eux, le roi tient son royaume du peuple, *rex habet regnum à toto populo.*

N'oubliez pas, Messieurs, que ces déplorables principes étoient liés, dans la pensée des premiers défenseurs des libertés gallicanes, aux opinions qui furent reproduites dans la déclaration de 1682 ; vous savez d'ailleurs quelle effrayante application ce système a reçu plus tard. Vagues et indéfinies dans leur origine, les libertés de l'église gallicane n'avaient point été encore recueillies en un corps de doctrine, lorsqu'en 1594, l'avocat Pierre Pithou mit au jour ses quatre-vingt-trois articles, les *soumettant néanmoins au jugement de ceux qui en peuvent et doivent juger.* Plus tard, les frères Dupuis réimprimèrent cet ouvrage, en l'accompagnant d'un assez grand nombre de pièces justificatives sous le titre de *Preuves des Libertés de l'église gallicane.* En 1639, ces deux livres furent condamnés par l'assemblée du clergé en ces termes : « Nous vous signifions que nous les avons d'un commun » accord jugés nuisibles en tout point, hérétiques, schismatiques, » impies, contraires à la parole de Dieu, destructifs de la hiérar- » chie et de la discipline ecclésiastique, des sacremcuts et des » rites sacrés, injurieux au Saint-Siége apostolique, à notre très- » glorieux roi, aux prêtres de Dieu, à l'ordre ecclésiastique et

» à l'église gallicane elle-même, et pleins du plus dangereux
» scandale. » *Volumen enim utrumque ferè per omnia commata
noxium, hæreticum passim, schismaticum, impium, verbo Dei
frequenter contrarium, hierarchiæ ecclesiasticæ et disciplinæ,
sacramentorum ac sacrorum rituum destructivum, sanctæ Sedi
apostolicæ, gloriosissimo regi nostro, sacerdotibus Dei, et ec-
clesiastico ordini, ipsique adeo gallicanæ ecclesiæ injuriosum ac
periculosissimo scandalo plenum, à nobis publico consensu judi-
catum esse vobis significamus.*

Déjà, en 1611, l'ouvrage de Richer, syndic de Sorbonne,
De civili et ecclesiastica potestate, avoit été condamné par la
Sorbonne elle-même. Aux états généraux de 1614, le Tiers avoit
proposé de présenter au Roi un article rédigé selon les mêmes
principes et presque dans les mêmes termes qui furent adoptés
dans la déclaration de 1682. Cet article fut retranché des ca-
hiers, le clergé le combattit fortement comme contraire à la
doctrine qui avoit été suivie dans le royaume, depuis l'institution des écoles de théologie jusqu'à l'apparition de Calvin.
Tel a été, Messieurs, le malheureux début de ces maximes que
l'on prétend avoir toujours été vénérées en France. Remarquez
surtout que nos rois s'étoient gardés de les consacrer par quelqu'acte de leur puissance, et de faire intervenir l'autorité temporelle dans ces débats théologiques.

Mais en 1662 le duc de Créqui étoit ambassadeur de France
auprès du Saint-Siége, il avoit révolté les Romains par sa hauteur,
dit Voltaire; quelques-uns de ses laquais s'avisèrent de charger,
l'épée à la main, une escouade des gardes du Pape; les Corses
indigués vinrent en armes assiéger la maison de l'ambassadeur;
ils tirèrent sur le carrosse de l'ambassadrice, et lui tuèrent un
page. Le Pape expulsa le gouverneur de Rome, et fit pendre
un Corse et un Saire qui avoient pris grande part dans ces
désordres. Louis XIV exigea une réparation plus éclatante, il fit
passer des troupes en Italie sous le commandement du maréchal
de Praslin; les états du Pape étoient menacés. C'est en ce moment

que le parlement de Paris exigea de la faculté de théologie
la déclaration du 3o mai 1663, contre l'autorité du Souverain
Pontife. Alors parurent les six articles, qui devinrent quelques
années après la base de la déclaration plus célèbre de 1682. Cette
première déclaration de la faculté de théologie fut enregistrée
au greffe de la cour, qui *fit inhibitions et défenses de soutenir
aucune doctrine contraire auxdits articles.* Cependant le traité
conclu à Pise en 1664 mit fin aux discussions que l'affaire des
Corses avoit fait naître. Toutes hostilités cessèrent ; et les six propositions de la faculté de théologie demeuroient oubliées dans
le greffe du parlement, lorsque de nouvelles contestations les
rappelèrent au grand jour.

En 1673 le Roi publia la déclaration qui soumettoit à la régale tous les diocèses du royaume. Vous le savez, Messieurs, en
vertu du droit de régale, nos Rois jouissoient du revenu des évê-
chés et archevêchés pendant leur vacance ; ils conféroient tous
les bénéfices dépendants de leur collation jusqu'à ce que les évé-
ques nouvellement pourvus eussent fait enregistrer à la cour des
Comptes de Paris leur serment de fidélité. Mais plusieurs siéges
n'y avoient jamais été assujétis : cette matière de tout temps fut
l'objet des plus graves controverses : *En tant que touche la régale,*
dit le savant Pasquier, *je confesserai vrayement que pour être un
subject qui passe souvent entre les mains de ceux qui manient les
affaires du Palais, il y a plusieurs hommes qui en ont fait divers
traitez, pour nous enseigner quand, comment, et en quel temps,
un bénéfice vacque en régale, et quels sont les archeveschés et
eveschés qui y sont sujets : mais qui nous en ait donné l'ancien-
neté, je ne l'ay encore veu, non sans cause ; car s'il y a obscurité
en notre histoire, c'est en cette-cy.*

Deux prélats résistèrent à la déclaration qui faisoit de la régale un droit inaliénable, imprescriptible et général pour tout
le royaume. Ce furent les évêques d'Aleth et de Pamiers, qui,
suivant le témoignage de Voltaire, étoient *malheureusement*
deux des plus vertueux prélats de France ; malgré leur résis-

tance, le Roi pourvut en régale aux bénéfices vacants ; ils ful·
minèrent des censures contre les bénéficiers pourvus ; on en ap-
pela aux métropolitains, les censures furent cassées, les évêques
s'adressèrent au Pape ; au milieu de ces discussions qui durèrent
plusieurs années, l'assemblée ordinaire du clergé étoit réunie à
Saint-Germain-en-Laye, on la consulta sur la question de la régale ; les députés du clergé vinrent délibérer à l'archevêché de
Paris, plusieurs prélats y furent appelés, et Bossuet devint l'un
des membres de l'assemblée. Sa correspondance montre claire-
ment ses inquiétudes et ses hésitations, dès qu'il aperçut que
les esprits se laissoient emporter hors des difficultés de la régale,
jusqu'à examiner et contester la puissance spirituelle du Chef de
l'Église. Ses lettres à l'abbé de Rancé, à M. Dirois, docteur de
Sorbonne, au cardinal d'Estrées, font connaître les plus inté-
ressants détails de ces orageuses délibérations. Enfin parut, le 19
mars 1682, la déclaration du clergé ; le Roi la rendit publique
dans ses états, par l'édit du 23 du même mois, dont l'article 1ᵉʳ
doit être mis sous vos yeux : c'est le seul qui importe à la
question légale que nous examinons en ce moment : « *Défen-*
» *dons* à tous nos sujets et aux étrangers, étant dans notre
» royaume, séculiers et réguliers, de quelque ordre, congréga-
» tion et société qu'ils soient, d'enseigner dans leurs maisons,
» colléges et séminaires, ou *d'écrire aucune chose contraire à la*
» *doctrine contenue en icelle* (déclaration). »

Ne l'oubliez pas, Messieurs, il s'agit aujourd'hui de savoir,
si les prohibitions que contient cet édit ont conservé force de
loi dans le royaume.

En 1693, les querelles sur la régale furent terminées par un
arrangement avec le Saint-Siége ; il fut alors convenu que le
Roi renonceroit à l'exécution de son édit, et que les évêques
qui avoient fait partie de l'assemblée rétracteroient leur déclaration.

S'il falloit croire M. l'avocat du Roi, les évêques se seroient
bornés à écrire au Pape qu'ils étoient chagrins du déplaisir que

Sa Sainteté avoit éprouvé, et que dans leur déclaration ils n'a-
voient rien entendu décider touchant la foi. Le Roi de son côté
auroit seulement consenti à relâcher un peu la rigoureuse exécution de son édit. Écoutez la lettre des évêques au Souverain
Pontife : « Prosternés aux pieds de votre sainteté, nous ve-
» nons lui exprimer l'amère douleur dont nous sommes péné-
» trés dans le fond de nos cœurs, et plus qu'il ne nous est pos-
» sible de le dire, *à raison des choses qui se sont passées dans
» l'assemblée*, et qui ont souverainement déplu à Votre Sain-
» teté, ainsi qu'à ses prédécesseurs. » Ce n'est donc pas seulement à cause du déplaisir que le Pape avoit éprouvé, c'est à
raison des choses qui se sont passées dans l'assemblée de 1682,
que les évêques expriment leur amère douleur. Innocent XII
avoit alors succédé sur le trône Pontifical, aux Papes
Alexandre VIII et Innocent XI. Les évêques continuent ainsi :
« En conséquence, si quelques points ont pu être considérés
» comme décrétés dans cette assemblée *sur la puissance ecclé-
» siastique et sur l'autorité Pontificale*, nous les tenons pour
» non décrétés, et nous déclarons qu'ils doivent être regardés
» comme tels. » *Ad pedes sanctitatis vestræ, provoluti profite-
mur ac declaramus nos vehementer et suprà id quod dici potest
ex corde dolere de rebus gestis in comitiis prædictis, quæ Sanc-
titati vestræ et ejusdem prædecessoribus summoperè displicue-
runt; ac proindè quidquid in comitiis circà ecclesiasticam po-
testatem, Pontificam auctoritatem, decretum censeri potuit, pro
non decreto habemus et habendum esse declaramus.*

Le texte est clair, Messieurs ; les évêques ne se contentent pas
de dire, comme on l'a prétendu, qu'ils n'ont rien décidé et ré-
glé *touchant la foi*; ils rétractent ce qu'ils ont dit *touchant l'autorité ecclésiastique et la puissance Pontificale*. Comment croire
désormais que force de loi seroit demeurée à l'édit qui prescri-
voit d'enseigner et défendoit de combattre les principes d'une
déclaration que ses auteurs eux-mêmes abandonnoient en des
termes si formels? Aussi la révocation de l'édit fut positivement

convenue ; M. d'Aguesseau nous a conservé la lettre qu'à cet effet
Sa Majesté adressa au Saint-Siége le 12 septembre 1693 ; on y
lit : « Je suis bien aise de faire savoir à Votre Sainteté que *j'ai*
» *donné les ordres nécessaires* pour que les choses contenues
» dans mon édit du 23 mars 1682, touchant la déclaration du
» clergé de France, à quoi les conjonctures passées m'avoient
» obligé, ne soient pas observées. »

Certes, Messieurs, ce n'est pas là une simple formule de po-
litesse, un simple *relâchement* sur les rigueurs de l'édit. Vainement M. l'avocat du Roi nous veut-il assurer que l'édit n'en
continua pas moins d'être exécuté dans le royaume, je suis
obligé de me soumettre au témoignage de M. le chancelier d'A-
guesseau, dont voici les paroles, au tome XIII de ses OEuvres,
page 423 : « Cette lettre du Roi Louis XIV, au pape Innocent XII,
» fut le sceau de l'accommodement entre la cour de Rome et le
» clergé de France ; et conformément à *l'engagement* qu'elle
» contenoit, *Sa Majesté ne fit plus observer* l'édit du mois de
» mars 1682. »

Ce mot *d'engagement* est bien grave et bien positif ; vous
l'allez voir employé par Louis XIV lui-même dans une autre
lettre qui nous est aussi transmise par M. d'Aguesseau. En 1713,
le Pape apprit que l'abbé de Saint-Aignan, que le Roi venoit de
nommer à l'évêché de Soissons, avoit soutenu publiquement
les quatre propositions de la déclaration de 1682. Il refusa les
bulles d'institution. Louis XIV écrivit, le 7 juillet 1713, au cardinal de la Trémouille, son ambassadeur à Rome, pour lui expliquer ce qui s'étoit passé lors de l'accommodement de 1693 :
« Le Pape, dit Sa Majesté, sait mieux que personne que *l'enga-*
» *gement que j'ai pris* se réduisoit à ne pas faire exécuter l'édit
» que j'avois fait en 1682.

» On lui a supposé, contre la vérité, que j'ai contrevenu à
» *l'engagement* pris par la lettre que j'écrivis à son prédéces-
» seur, car *je n'ai obligé personne* à soutenir, contre sa propre
» opinion, les propositions du clergé de France ; mais *il n'est*

» *pas juste que j'empêche* mes sujets de dire leur sentiment sur
» une matière qu'il est libre de soutenir *de part et d'autre,*
» comme plusieurs autres questions de théologie, sans donner la
» moindre atteinte à aucun des articles de foi. »

Ainsi le Roi avoit pris l'engagement de ne pas faire exécuter
son édit; Sa Majesté n'y a point contrevenu, et Louis XIV vous
atteste qu'il est *contre la vérité* de dire, comme M. l'avocat du
Roi, que l'édit auroit continué d'être exécuté en France. Certes
le ministère public a eu grand tort de faire violence à sa conscience, et de trahir le dogme catholique qui interdit aux particuliers de s'immiscer dans le jugement de la doctrine religieuse,
pour obéir à ce qu'il a appelé la grande autorité de notre droit
public. Voilà en effet une loi fondamentale bien étrange ! elle
enjoindroit d'enseigner une doctrine que les évêques qui l'avoient
mise au jour ont formellement rétractée ! Elle défendroit de rien
dire de contraire à la doctrine de la déclaration ; et le Roi qui
l'a faite, en obéissant aux circonstances, à *des conjonctures passées,* a pris, dans un traité, l'engagement de ne pas la faire
exécuter ! Il déclare lui-même qu'il ne seroit pas juste d'empêcher ses sujets de dire *de part et d'autre* leur opinion sur une
matière qu'on est libre de discuter. Non, Messieurs, l'édit du
23 mars 1682 n'est point une loi du royaume, ce n'est point une
loi fondamentale de l'État.

Que trouverons-nous sur ces matières, si nous recherchons
dans les annales de notre législation les actes qui ont suivi ?

En 1731 les querelles relatives à la bulle *Unigenitus* firent
naître de violentes discussions sur la limite des deux puissances.
Par arrêt du conseil du 10 mars, Sa Majesté défend *à tous ses
sujets, de quelque état et qualité qu'ils soient, de faire aucunes
assemblées, délibérations, actes, déclarations, requêtes, pour-
suites et procédures à l'occasion desdites disputes ou de tout ce
qui peut les concerner, et d'écrire, composer, imprimer, vendre
ou distribuer directement ou indirectement aucuns livres, écrits,*

libelles, mémoires et autres ouvrages sur le même sujet, sous quelque prétexte et sous quelque titre que ce puisse être !

Dans cet arrêt il n'est pas dit un mot de la déclaration ni de l'édit de 1682. Remarquez d'ailleurs, Messieurs ; que la prohibition étoit générale et frappoit les défenseurs de l'une et de l'autre opinion.

Enfin en 1766, époque célèbre des premiers triomphes de la philosophie, secondée alors par le jansénisme, héritier secret des maximes de la réforme, les querelles avec Rome recommencèrent.

Déjà depuis deux ans avait été rendu l'édit qui bannissait les Jésuites du royaume ; on sollicitait à Rome l'abolition de leur institut, le souverain Pontife résistait, et demandait qu'en cette occasion du moins, on ne persistât pas à méconnaître et vouloir contraindre l'indépendance de son autorité spirituelle ; alors parut un nouvel arrêt du Conseil, du 24 mai 1766, où sont en effet rappelées les dispositions de l'édit du 23 mars 1682, et où se retrouvent les expresses inhibitions et défenses de rien dire, écrire et publier de contraire aux quatre propositions.

Ainsi, par la suite des temps, et au milieu de l'aigreur des disputes, se maintinrent et se développèrent, dans les esprits irrités, les maximes de la déclaration de 1682. Les principes qu'elle contenoit ont porté leur fruit ; hélas ! nous avons vu triompher toute la doctrine des théologiens qui les premiers invoquèrent en France les libertés de l'église gallicane. La leçon fut assez terrible, assez cruelle, ce semble, pour que les hommes sages évitent désormais de remuer ces questions et de soulever ces tempêtes ! « Gardez-vous », nous dit, en ce moment même, un prélat vénérable, M. d'Hermopolis : « gardez-vous de faire des » libertés de l'église gallicane un brandon de discorde ! C'est en » leur nom que fut proclamée cette déplorable constitution » civile du clergé ; c'est en leur nom que l'Église fut bouleversée » de fond en comble ; que le Pontife romain fut persécuté, dé- » pouillé, jeté dans les fers. »

Je ne prétends pas assurément me hasarder dans la controverse ; il ne s'agit point d'examiner ici ce qu'il faut penser des
quatre propositions. Sans donc exprimer , sur la doctrine de la
déclaration de 1682, aucune opinion personnelle, sans même
énoncer des doutes , je me renferme dans la discussion de cette
question légale : l'édit de Louis XIV a-t-il conservé force de
loi en France ? est il encore en vigueur? se peut-il qu'on accuse
de provocation à la désobéissance aux lois du royaume l'écrivain religieux que sa conscience anime à combattre la déclaration du clergé? C'est , Messieurs , dans cette seule pensée
que j'interroge et notre histoire et notre législation. Or, en ad-
mettant qu'avant la révolution l'édit de 1682 ait été maintenu
comme loi du royaume, ce qui certes ne se peut raisonna-
blement soutenir , n'êtes-vous pas convaincus que ces anciens
édits et arrêts du Conseil, qui réglaient et l'ordre civil et l'ordre
religieux en France , ont été nécessairement abrogés par la *constitution civile du clergé?* M. l'avocat du Roi a gardé le silence
sur cet acte de l'Assemblée nationale, qui , détruisant tout
l'ordre ecclésiastique, abolit et les lois et les règlements et les
principes. La suite fit plus encore. Les doctrines de 1682 avaient
été le germe de la constitution civile du clergé ; celle-ci enfanta
l'anéantissement entier de l'Église et de la religion ; le culte insensé de la Raison fut établi ,et tout fut emporté dans ce désordre.
Aussi le ministère public, ne pouvant méconnoître cette *abro-
gation de fait*, a-t-il senti la nécessité d'établir que l'édit de
Louis XIV avait été remis en vigueur par la législation nouvelle,

Quand l'ordre parut renaître en France , un traité fut passé
avec le Saint-Siége. Mais le *décret organique* du concordat ne
renouvela aucune des dispositions prohibitives, soit de l'édit de
1682, soit des arrêts du Conseil qui l'avaient suivi ; l'article 24 de
ce décret porte seulement que *ceux qui seront choisis pour l'enseignement dans les séminaires souscriront la déclaration faite
par le clergé de France en 1682, et publiée par un édit de la*

même année : ils se soumettront à y enseigner la doctrine qui y est contenue.

Certes c'étoit bien la moindre chose que les auteurs des articles organiques donnassent cette dernière preuve de fidélité, aux principes des législateurs de la constitution civile du clergé ! et cependant comment n'ont-ils pas été frappés de l'étrange inconséquence dans laquelle ils faisoient tomber le gouvernement français ? Comment se peut-il qu'on ait prétendu ranimer le souvenir de la déclaration de 1682, en présence du concordat de 1801 ? Cette convention avec la cour de Rome présente en effet dans son texte et dans l'esprit de ses clauses, la violation la plus manifeste des quatre articles. Ce fut, de la part du gouvernement qui régissoit la France, un abandon complet des maximes que l'on prétend être la loi fondamentale de l'État.

Car à cette époque où l'excès des malheurs publics réclamoit une réparation du passé, et des garanties pour l'avenir, on ne songea point à disputer sur les limites de la puissance Pontificale. C'est aux jours du bonheur et de la force que les prétentions hostiles se manifestent. Il s'agissoit alors de pacifier la France, de rendre à la religion son légitime empire, de rétablir l'ordre dans la société civile en mettant un terme aux persécutions de l'Église. C'est du chef de la chrétienté que ce bienfait fut obtenu. Sa Sainteté déclara (article 13) « que pour *le bien* » *de la paix* et l'heureux rétablissement de la religion catho- » lique, ni elle *ni ses successeurs* ne troubleront en aucune ma- » nière les acquéreurs des biens ecclésiastiques aliénés , et » qu'en conséquence la propriété de ces mêmes biens, les droits » et revenus y attachés, demeureront incommutables entre leurs » mains ou celles de leurs ayant-cause. » Qui auroit pensé alors à rappeler l'article 2 de la déclaration de 1682, et le principe de la supériorité du concile sur le souverain Pontife ? Qui auroit osé invoquer les dispositions du *concile de Trente* ? Qui eût opposé aux volontés du chef de l'Église cet anathème lancé, au chapitre xi de la vingt-troisième session, contre tout détenteur des biens du clergé, *quâcumque is dignitate, etiam imperiali aut regali, præfulgeat : « Is anathemati tamdiù subjaceat, quamdiù jurisdictiones, bona, res, jura, fructus et reddiitus, quos occupaverit, vel qui ad eum quomodocumque pervenerint, Ecclesiæ, ejusque administratori sive beneficiato* INTEGRÈ RESTITUERIT.

Ceci, Messieurs, mérite la plus sérieuse attention ! quel n'est pas l'aveuglement, quelle n'est pas la témérité de ceux qui, ranimant des querelles éteintes, viennent contester aujourd'hui les droits du Saint-Siége ? Si la déclaration de 1682 est une loi fondamentale de l'Etat, selon cette loi ce que le Pape a fait contre la décision du concile est nul de plein droit, et la propriété des possesseurs de biens ecclésiastiques est légalement incertaine entre leurs mains !

Remarquez encore que suivant l'article 3 de la déclaration, *il faut régler l'usage de l'autorité apostolique par les canons.* Cependant par le concordat il a été pourvu au remplacement de trente-trois évêques et archevêques non démissionnaires, il a été fait une nouvelle circonscription des diocèses, des siéges ont été réunis, sans que le Pape ait suivi aucune forme canonique. On reconnoissoit la plénitude de sa puissance. Ce fut donc par une étrange inconséquence, que l'on prescrivit l'enseignement de la déclaration au nouveau clergé, dont toute l'existence reposoit sur un concordat si évidemment en opposition avec les quatre articles. Toutefois, je le répète, on ne remit pas en vigueur les dispositions prohibitives de l'édit, et ce fait seul est important pour la solution de la question légale qui vous est soumise.

D'autres actes ont suivi la publication des articles organiques ; je suis forcé de les faire connoître, puisque le ministère public, au nom du Roi très-chrétien, a cru qu'il étoit convenable d'invoquer leur prétendue autorité.

En 1809, les troupes françaises entrèrent dans Rome ; le Pape fut arraché de son palais, traîné de prison en prison jusque dans Fontainebleau, et dépouillé de ses états, qu'un décret réunit alors aux départements de l'empire. Au milieu de tant de violences, et tandis que l'Europe chrétienne s'indignoit de ces sacriléges, parut, le 25 février 1810, un autre décret qui déclara que l'édit de Louis XIV, de 1682, étoit loi générale de l'empire. Inconcevable déception! dérision cruelle! l'usurpateur prétendoit-il excuser ses iniquités, ou redoutoit-il les justes vengeances du ciel et des hommes, lorsque violant ainsi toutes les lois divines et humaines, outrageant la sainte majesté du trône Pontifical, et ravissant à l'Église ses états et la capitale de la chrétienté, il faisoit proclamer dans ses camps, que *les vicaires de Jésus-Christ n'ont reçu aucune autorité sur les choses temporelles et civiles*, et qu'il ne leur appartient pas de déposer les rois?

Ce soldat orgueilleux et ingrat, maudissant, au jour de son triomphe, la puissance qui consacra son glaive, chargeoit de chaînes les mains vénérables qui avoient répandu l'huile sainte sur son front. Et nous, qui goûtons en paix aujourd'hui les bienfaits de la religion de saint Louis, nous qui lui devons et les progrès heureux de la civilisation de nos pères, et la sagesse de leurs lois, et les douceurs de notre liberté, égarés, désormais dans d'inutiles et téméraires querelles, aurons-nous l'ingratitude, à notre tour, de déchirer encore une fois le sein de l'Église, de troubler son ordre et sa paix, en lui disputant ses droits, en attaquant ses ministres, en calomniant son chef?

Est-il donc vrai qu'un décret de persécution et de moquerie, qui fut un crime de l'empire, sera invoqué de nos jours comme loi fondamentale du royaume?

Hélas! il le faut avouer, presque toujours les injustes entreprises des puissances civiles signalèrent les époques où parurent ces protestations solennelles contre les envahissements imputés à la puissance ecclésiastique.

Ainsi quand on obtint, en 1663, la déclaration de la faculté de théologie, qui défendoit le temporel des rois contre les prétentions du Saint-Siège, un arrêt du parlement de Provence prononçoit la confiscation d'Avignon et du Comtat venaissin.

Ainsi après l'assemblée de 1682, un même arrêt fut rendu par la même cour, et le nonce apostolique étoit retenu prisonnier dans Paris.

Ainsi lors de l'arrêt du Conseil de 1766, le duc de Choiseul s'empara d'Avignon et du Comtat. « L'obstination du pape Clé-
» ment XIII, disent les historiens (1), avoit fourni *un prétexte*
» pour réunir momentanément à la couronne un pays enclavé
» dans la Provence. »

Voilà, Messieurs, l'histoire entière de la déclaration et de l'édit de 1682. J'ai montré dans nos annales les principaux faits et les principaux actes qui leur sont relatifs. Je le demande maintenant à tout homme de bonne foi, est-il aucun de ces édits, de ces arrêts, de ces décrets, qui ait conservé son autorité, et qui soit encore en vigueur comme loi du royaume ?

Non, assurément ! et puisque vous connoissez bien et l'origine et le caractère de ces actes législatifs, il vous est suffisamment démontré que tous sont abrogés et annulés, ou par la volonté de leurs auteurs, ou par les lois postérieures, ou par la force même des choses.

Comment d'ailleurs n'a-t-on pas compris que l'édit de 1682, en supposant qu'il eût été maintenu dans l'État, est nécessairement aboli par l'article 68 de la charte constitutionnelle, qui abroge toutes les lois contraires à ses dispositions. Est-il possible en effet de concilier avec les libertés de notre nouvelle législation, ces prohibitions que renferme l'édit, de rien dire, écrire ou enseigner de contraire à la doctrine de la déclaration ? Je le comprendrois si les quatre propositions étoient réputées articles de foi, s'il étoit possible d'y voir des dogmes de la religion catholique proclamée religion de l'État. Mais il n'en est pas ainsi. Jamais les auteurs ou les partisans des quatre articles n'ont prétendu leur attribuer ce caractère sacré. Louis XIV en parle seulement dans le préambule de son édit, comme des *sentiments* des députés du

____

(1) Lacretelle, tome IV, page 165.

clergé assemblés à Paris. Bossuet, dans sa Défense de la déclaration (1), atteste que ce sont de *simples opinions* : *Quod non
ea esset mens sacri conventûs, ut ex illâ sententiâ decretum
fidei faceret, sed tantùm ut eam opinionem adoptaret.* QUE L'ON
NE PRÉTENDOIT PAS EN FAIRE UNE DÉCISION DE FOI, MAIS EN ADOPTER
L'OPINION. Et il ajoute, après avoir cité ces paroles de M. de
Brias, alors archevêque de Cambrai : « En perspicuis verbis gal-
» licani patres testantur ac probant, non eo se animo fuisse,
» ut decretum de fide conderent, sed ut *eam opinionem* tan-
» quam potiorem adoptarent. *Opinionem* sanè ; non ut eminen-
» tissimus Daguirreus objectabat, *catholicæ doctrinæ formu-*
» *lam* quæ animas *constringeret.* »

M. de Marca, souvent cité pour son Traité sur les deux puissances, s'exprime dans les mêmes termes : « L'opinion, dit-il,
» qui attache l'infaillibilité au Pontife romain, est la seule qui
» soit enseignée en Espagne, en Italie, et dans toutes les autres
» provinces de la chrétienté ; de sorte que ce qu'on appelle *le*
» *sentiment des docteurs de Paris, doit être rangé parmi les*
» *opinions qui sont tolérées.* »

Bossuet nous enseigne ailleurs qu'il est deux manières d'entendre les libertés gallicanes : « Pour venir un peu au fond, »
dit-il, dans une lettre qu'il adressa au cardinal d'Estrées, en lui
envoyant le discours d'ouverture de l'assemblée de 1682, « pour
» venir un peu au fond, je dirai à votre Éminence que je fus
» indispensablement obligé à parler des libertés de l'Eglise
» gallicane ; *elle voit bien à quoi cela m'engageoit ;* et je me
» proposai deux choses : l'une, de le faire sans aucune diminu-
» tion de la vraie grandeur du Saint-Siège ; l'autre, de les expli-
» quer de la manière que les entendent les évêques, *et non pas*
» *de la manière que les entendent les magistrats.* »

Vous pourriez donc craindre, Messieurs, que le commentaire
que M. l'avocat du Roi vous a proposé ne fût pas le véritable.

Rappelez-vous enfin et la lettre de Louis XIV au cardinal

____

(1) *Prævia dissertatio,* §. 6.

de la Trémouille, et ces autres paroles du même Bossuet : *Abeat ergò declaratio quò libuerit.* Il ne peut plus rester de doute dans vos esprits. Les quatre propositions de la déclaration de 1682 ne contiennent que des opinions qu'on est libre d'adopter ou de combattre. Il n'est pas possible que les prohibitions de l'édit soient restées en vigueur en présence de la liberté d'émettre et de publier ses opinions. Où irions-nous, et quels ne seroient pas l'étonnement et l'effroi des plus zélés partisans de l'édit, si l'on faisoit ainsi revivre les décisions qui jadis ont condamné tant de livres, tant de propositions qui circulent librement aujourd'hui ?

Mais, vous a dit M. l'avocat du Roi : *ce ne sont pas les opinions que nous poursuivons, c'est leur manifestation.* Qu'a-t il voulu dire ? comment des opinions peuvent-elles être poursuivies, si elles ne sont pas manifestées ? n'est-ce pas la libre manifestation des opinions, qui est un principe fondamental de notre droit public actuel ?

Cependant, au soutien de son accusation le ministère public invoque des autorités récentes : un jugement rendu en ce tribunal contre *la Quotidienne* ! mais ce jugement fut rendu par défaut et ne peut devenir un monument de jurisprudence. Un arrêt dernièrement émané de la Cour royale de Paris, dans le procès du *Constitutionnel* ! mais cet arrêt ne dit pas un mot de la déclaration ou de l'édit dans son dispositif, il n'en est question que dans les motifs ; et lorsque la cour a prononcé ce considérant, qui a fait tant de bruit au milieu du tumulte des partis qui nous divisent, elle n'avait pas à juger et n'a pas voulu juger la question qui vous est soumise.

Permettez-moi, Messieurs, de ne pas répondre aux autres objections que M. l'avocat du Roi a prétendu puiser dans une nouvelle déclaration déjà signée par treize prélats. Elle a été sollicitée depuis le procès, à l'occasion de ce procès, et je me contenterai de vous faire remarquer qu'elle ne dit pas un seul mot, soit de la déclaration de 1682, soit de l'édit de Louis

XIV. Cette silencieuse autorité doit donc être écartée de nos débats, elle contribueroit fort peu à éclaircir la question que je discute.

Si je vous ai démontré, Messieurs, que la prétention de faire considérer l'édit du mois de mars 1682 comme loi du royaume, n'est justifiée par aucun acte de notre législation ancienne et nouvelle, qu'elle n'est appuyée d'aucune autorité contemporaine, qu'elle est inconciliable avec l'article de la charte qui promet à tous les sujets du Roi la libre manifestation de leurs opinions ; il doit être pour vous plus évident encore qu'il est impossible d'admettre le système de M. l'avocat du Roi, à moins d'effacer de nos lois le principe qui donne à chacun en France le droit de professer sa religion avec une égale liberté, et qui assure à chaque culte une même protection.

Dans ce système, en effet, il n'y auroit de liberté que pour les dissidents, les catholiques en seroient privés ; car il ne leur seroit pas permis de combattre des maximes qui ont été condamnées par le chef de l'Église en 1690, dans la bulle *Inter multiplices*, en 1794, dans la bulle *Auctorem fidei*.

Écoutez, je vous prie, Messieurs, et remarquez à quel étrange esclavage on réduiroit la conscience des catholiques fidèles ; voyez quelle monstrueuse inconséquence triompheroit dans les états du fils aîné de l'Eglise ! Tout n'est pas également contesté dans la déclaration de 1682 ; on a su mêler dans sa rédaction des vérités qui sont articles de foi, à côté des opinions problématiques et controversées ; et dans ce même pays où de prétendues lois fondamentales interdiroient à un catholique la faculté de combattre des propositions qui ne sont que des erreurs à ses yeux, qui du moins, aux yeux de tous, sont des opinions libres et qu'il est permis d'admettre ou de rejeter, une autre loi fondamentale permettroit nécessairement au religionnaire dissident d'attaquer les vérités dogmatiques que la déclaration de 1682 renferme !

Ainsi, un catholique ne pourra pas, sans violer la loi de l'État,

discuter les conséquences que l'on a déduites de cette proposition de l'article premier , *que saint Pierre et ses successeurs,*
vicaires de Jésus-Christ , et que toute l'Église même n'ont
reçu de puissance de Dieu que pour les choses spirituelles et
qui concernent le salut , et non point sur les choses temporelles
et civiles ; mais un calviniste, mais un luthérien, pourra librement et légalement dire et imprimer que les successeurs de
saint Pierre ne sont pas les vicaires de Jésus-Christ ; que l'Église
n'a reçu de Dieu aucune puissance même sur les choses spirituelles !

Il sera défendu au catholique de contester, dans l'article 2,
l'autorité attribuée aux sessions 4ᵉ et 5ᵉ du concile de Constance ;
mais il sera permis au protestant de déclarer qu'il ne reconnoît
aucune autorité dans aucun concile !

Un catholique ne pourra pas même examiner s'il est vrai de
dire que les canons soient la règle nécessaire et toujours invio-
lable de la puissance apostolique , ou que l'assentiment de
l'Église puisse seul rendre irréformables les jugements du Pape
dans les questions de foi : mais un protestant se rira impuné-
ment et des canons et de la puissance apostolique et des jugements du Saint-Siége et de l'assentiment de l'Église !

Est-ce ainsi que l'on veut entendre la liberté de conscience?
Est-ce une semblable protection que l'on a promise à tous les
cultes, à toutes les religions? La religion de l'État deviendra donc
seule esclave de cette autorité civile, qui désormais sans force et
sans armes contre le schisme et contre l'hérésie, prétendroit gar-
der ses violences et ses rigueurs arbitraires contre la foi, contre la
vérité. Je ne veux pas presser ces conséquences; je vous ferois
trop vivement sentir combien la doctrine du ministère public
outrage à-la-fois et nos lois nouvelles et les principes du gouvernement qu'un roi très-chrétien nous a donnés.

Je dois mettre un terme à cette discussion, Messieurs ; j'ache-
verai de remplir ma tâche, en vous démontrant, par l'examen
des passages où M. l'avocat du Roi a prétendu découvrir un dé-

lit de provocation à la désobéissance aux lois du royaume, que M. de La Mennais, en publiant ce livre qu'on voudroit faire condamner, a usé d'une sage et légitime liberté, que, dans ces matières surtout, des juges laïques ne peuvent pas lui ravir.

M. l'avocat du Roi vous a d'abord dénoncé une phrase de la page 21. « Deux ministres de l'intérieur se sont efforcés tour-à-» tour d'envahir jusqu'à l'enseignement, exigeant des évêques » qu'ils fissent souscrire par les professeurs de théologie et par » les directeurs des séminaires, des promesses incompatibles avec » les règles conservatrices de la foi, et des formulaires de doc-» trine imposés au nom de l'autorité séculière. » Je n'oserois pas me demander pourquoi le ministère public a voulu ainsi isoler cette phrase et n'a pas achevé la lecture du passage incriminé ; il me pardonnera sans doute de continuer : « Que deux » avocats aient tenté de singer Henri VIII, c'est un des plus » curieux phénomènes de notre siècle. Selon leurs idées, les » bureaux de l'intérieur fussent devenus comme un concile » œcuménique permanent, présidé par un ministre révocable, » en sa qualité de *pape civil ;* et l'on auroit vu M. de Corbière, » le front orné de la tiare ministérielle, après avoir invoqué » les lumières de l'esprit qui jadis inspira les parlemens, libeller » et contresigner des ordonnances dogmatiques obligatoires, » sauf appel aux chambres, pour les consciences constitution-» nelles des Français. »

Qu'y a-t-il dans tout ceci ? rien autre chose que la censure d'actes administratifs. Dans un temps où les lois mêmes sont discutées par quiconque entreprend d'en demander la réformation, dans ce temps où les actes émanés de l'autorité royale sont abandonnés à la critique populaire, je comprends mal comment il seroit possible de placer des circulaires ministérielles au-dessus de tout examen et à l'abri de toute censure. Que si l'on veut reprocher à M. de La Mennais la vive tournure de sa pensée et le choix piquant de ses expressions, je dois faire remarquer qu'il a reproduit ici les idées et presque les paroles de

Bossuet, dans son sixième avertissement aux protestants : « Ce
» n'est pas aux potentats, dit-il, mais aux apôtres et à leurs dis-
» ciples que le Saint-Esprit a confié le dépôt de la foi. Si quel-
» qu'un en doit juger, ce sont ceux à qui la prédication en est
» commise ; en rendre les princes maîtres, c'est faire de *nouveaux*
» *papes*, plus absolus que celui dont on voudroit secouer le joug,
» et sacrifier la foi à la politique. »

Le ministère public a vivement attaqué une autre phrase de
la page 23. « Nous ne le dirons jamais assez haut : si c'est un
» crime en France de soutenir la proposition que condamne ici
» le procureur du Roi, c'est un crime en France d'être catho-
» lique » Au lieu de vous présenter une paraphrase envenimée
de ces deux lignes ainsi séparées de ce qui les précède et de ce
qui les suit, on eût été plus juste envers l'auteur, plus intelli-
gible, et pour vous, Messieurs, et pour l'auditoire, en don-
nant lecture de tout le passage. En cet endroit, M. de La Mennais transcrit un réquisitoire, publié au mois de juillet 1824,
dans le procès intenté à *la Quotidienne* ; il cite textuellement
les reproches que M. le procureur du Roi adressoit au journa-
liste qui s'étoit permis d'imprimer la lettre de monseigneur
l'archevêque de Toulouse, où se trouvoient ces paroles : *Que*
l'autorité civile n'auroit pas le droit de fixer aux évêques ce qu'ils
ont à prescrire pour l'enseignement dans les séminaires. C'est à
ce propos que notre auteur s'écrie : « Nous ne le dirons jamais
» assez haut : si c'est un crime en France de soutenir la propo-
» sition que condamne ici le procureur du Roi, c'est un crime en
» France d'être catholique. » Mais il ajoute : « Il est, grâce à
» Dieu, permis encore de l'être, et toutes les cours du royaume
» rejeteroient avec indignation la maxime qu'on ose avancer
» comme un axiome de leur jurisprudence. » Si M. de La Mennais se rendit coupable en réfutant ainsi le réquisitoire de 1824,
je deviens donc criminel moi-même en cet instant où votre
bienveillante attention m'encourage à combattre le réquisitoire
de 1826.

(47)

Je ne dis plus qu'un mot sur les autres citations de M. l'avocat du Roi. Pag. 100 et 101 : « De serviles prélats *se précipitent* » *d'un mouvement aveugle du côté où le roi incline.* En deux » mots voilà l'histoire de la célèbre déclaration de 1682. » Jetez les yeux au bas de la page, Messieurs, vous y voyez que cette phrase est traduite de Fénélon : *Plerique alii incerti et fluctuantes, quolibet rex se inclinaverit, cæco impetu ruunt.* Voilà donc Fénélon traduit en police correctionnelle ! !

Page 128 : « Voilà donc *le système de l'intérêt*, qui remplace » *le règne du droit*, ou l'athéisme politique, consacré dogma- » tiquement par le premier article de la déclaration de 1682 ; et » quiconque y adhère, adhère à cette proposition : *Le souve-* » *rain doit, par ordre de Dieu, être athée en tant que souve-* » *rain.* » M. l'avocat du Roi ne reproche point à M. de La Mennais d'avoir condamné cette effrayante proposition ; mais il nie, avec indignation, que les partisans de la déclaration de 1682 puissent être entraînés à *y adhérer.* M. l'avocat du Roi a sans doute oublié que la cour de cassation, assemblée sous la prési- dence de monseigneur le garde des sceaux, n'a exprimé ni mé- contentement, ni surprise, lorsqu'un avocat s'est écrié en au- dience publique : *En France la loi est athée, et elle doit l'être.*

Page 181 : « En voyant tout ce que renferment de principes » hérétiques et schismatiques les quatre articles de 1682, qui » s'étonnera que Bossuet lui-même les appelât des *propositions* » *odieuses ?* » Ceci, Messieurs, est un fait historique : M. l'avocat du Roi le révoque en doute ; il ne veut pas qu'il soit vrai que Bossuet ait appelé *odieuses* les quatre propositions. Ce fait ce- pendant est attesté par l'abbé Fleury, écrivain peu suspect dans ces matières ; il rapporte que l'évêque de Meaux disoit à l'ar- chevêque de Reims, dans l'assemblée du clergé : « Vous aurez » la gloire d'avoir terminé l'affaire de la régale ; mais cette » gloire sera obscurcie par ces propositions *odieuses.* »

N'est-il pas déplorable de se voir ainsi entraîné, à propos de questions aussi graves, dans de vaines recherches sur l'authenticité de telle ou telle anecdote, dans un puéril débat sur l'interprétation d'un mot, et dans toutes ces arguties sur le sens de quelques phrases isolées? Je me garderai de prolonger une pareille discussion, dont l'inconvenance même pourroit cependant, Messieurs, vous faire plus vivement sentir l'injustice et la témérité de l'accusation. Si je pénétrois plus avant, si je voulois remuer ces questions si follement exposées aux luttes du barreau; si, secouant le joug que ma conscience m'impose, n'écoutant que mon sentiment personnel, et cédant à ma conviction, j'examinois ici, dans toutes ses parties, l'ouvrage de M. de La Mennais, les principes que l'on condamne dans ce livre seroient enfin compris et justifiés, et il ne resteroit plus qu'à rougir du scandale d'un tel procès; mais j'ai voulu étouffer en mon cœur les justes sentiments que soulève l'attaque ainsi dirigée contre un honorable et précieux ami. J'ai pensé qu'il convenoit mieux, en cette rencontre, de me renfermer sévèrement dans les devoirs de mon ministère, et qu'il me suffisoit d'établir et de prouver, sans laisser debout une seule objection raisonnable, qu'il n'existe aujourd'hui aucune loi dans le royaume qui contraigne les juges civils à se constituer arbitres des questions de doctrine et de discipline religieuses; qu'il n'existe aucune loi que M. de la Mennais ait violée, ou contre laquelle il ait soulevé la desobéissance des peuples.

Je me sens heureux, Messieurs, d'avoir complété cette démonstration devant des juges catholiques. Il est satisfaisant pour un honnête homme de demeurer convaincu qu'en notre pays de France les devoirs du magistrat ne sont pas en opposition avec les devoirs du chrétien. Ce n'est pas seulement pour la défense de ce vertueux prêtre, qu'on essaie d'accuser, que j'ai pris la parole; inébranlable dans sa croyance, il s'inquiétoit peu du jugement des hommes : c'est notre foi commune que j'ai défendue; c'est pour vous que j'ai parlé, pour vous, Messieurs, pour vos consciences que l'on vouloit égarer et contraindre.

Vainement donc voudroit-on combattre les principes et les

vérités que je viens de développer, en rappelant que, devant les anciennes cours de justice, des ouvrages théologiques ont été condamnés à différentes époques; vainement, pour excuser le procès d'aujourd'hui, prétendroit-on réveiller le souvenir de doctrines et de procédures soutenues en France dans des temps qui ne sont plus; ce seroit achever de tout confondre; ce seroit méconnoître les immenses modifications que notre monarchie a éprouvées. Quand le principe fondamental a été ébranlé, quand les institutions ont péri, quand les maximes d'État sont changées, il ne se peut pas qu'on fasse revivre des usages et des opinions qui avoient pris naissance et s'étoient développées dans cet ordre de choses aboli. En vous proposant d'imiter quelques exemples parlementaires et de suivre de vieilles traditions, on ne feroit d'ailleurs qu'une bien fausse application des idées des anciens jours aux affaires du temps présent. N'oubliez pas, Messieurs, quel étoit autrefois le principe de l'intervention du pouvoir civil dans les questions qui intéressoient l'ordre religieux quant à la doctrine. L'autorité temporelle ne s'attribuoit pas le droit de juger, et ne procédoit jamais que comme protectrice des canons et des décisions de l'Église. Ce fut là le fondement des appels comme d'abus. Sans doute ils reçurent, par la suite des temps, une grande extension; toute puissance tend à monter et à s'accroître. Mais si l'on s'écarta souvent du principe, la France, alors toute catholique, ne fut pas cependant exposée à tous les désordres qui se manifesteroient infailliblement aujourd'hui. En ce royaume, *dont l'exaltation*, selon les paroles de Bossuet, *étoit inséparable de celle du Saint-Siége*, se maintenoit encore l'influence heureuse de l'antique alliance de la religion et de la royauté. Si la résistance et l'usurpation se montrèrent dans des jours de luttes et de querelles, les sentiments d'obéissance et de fidélité se conservoient au fond des cœurs et dans la marche habituelle du gouvernement. Enfin, pour exprimer ici toute ma pensée, je dirai que les esprits indépendants et novateurs dévoient être faiblement enhardis, que les consciences les plus reli-

gieuses purent ne ressentir que de légères alarmes, lorsque
parut l'édit du mois de mars 1682, dans ce même royaume où
trois ans après la révocation de l'édit de Nantes était prononcée.
Mais qui mesurera l'énorme distance qui nous sépare et de ces
temps et de ces mœurs? Qui ne comprendra que dans un pays où
désormais toutes les croyances, tous les cultes sont également
admis, salariés, protégés par la loi de l'Etat, l'indépendance et
l'autorité du sacerdoce, interprète véritable et légitime défenseur de la doctrine, doivent être plus sévèrement respectées?
Que si, dans des jours de philosophisme et d'indifférence, on
ne veut pas exposer la sainte religion de nos pères à d'inévita-
bles périls, et peut-être à une ruine prochaine, il faut redouter
jusqu'aux moindres envahissements de la puissance civile sur
les droits de la puissance spirituelle.

. Car, vous le savez, Messieurs, ce qui distingue principalement la religion catholique, ce qui distingue notre Église des
différentes sectes qui sont aujourd'hui mises en présence, c'est
le droit qui lui appartient, c'est l'autorité qu'elle réclame et
qu'elle a toujours exercée, de décider seule, de décider infailliblement toutes les questions de doctrine et de régler souverainement sa discipline. Lui contester ce droit, c'est se séparer
d'elle, *c'est cesser d'être catholique.* Si, au milieu d'un grand
nombre de cultes également tolérés, l'autorité civile essaie de faire
peser sur les peuples l'insupportable joug de croyances impo-
sées par une volonté humaine, bientôt toute la religion ne
sera plus que l'œuvre du pouvoir politique; ce pouvoir déter-
minant les dogmes et fixant la discipline, voudra commander
à la conscience, qui ne doit obéir qu'à Dieu. Dès-lors on est
conduit à une religion politique, et par-là même souverainement intolérante, parce que cette religion devient une loi dont
la violation doit être punie comme celle de toutes les autres
lois. C'est marcher à l'établissement d'une église nationale, qui
n'est que la substitution d'une autorité particulière à l'autorité
de la véritable Église et de son chef.

Tel est l'exemple que présenta l'Angleterre en ces temps où, suivant Bossuet, *la foi alloit au gré des rois*. Un prince, irrité d'avoir vu condamner à Rome son double divorce, commença par nier l'autorité spirituelle du Pape ; bientôt il prétendit à la suprématie du pouvoir temporel. Le parlement fut entraîné à prononcer sur l'hérésie ; on le vit passer des bills sur la foi, comme on vous demande aujourd'hui de prescrire par vos jugemens des croyances religieuses. Calvin lui-même avoit cependant protesté en divers lieux contre cette confusion du gouvernement civil et du gouvernement ecclésiastique. Mais, dit encore Bossuet, *il n'y a rien qui ne s'accommode pourvu qu'on soit ennemi du Pape et de Rome !*

Tout ce désordre engendra, chez nos voisins, et les formulaires civils, et les sermens d'allégeance et les sermens du test. C'est enfin par un pareil abandon de la véritable autorité qu'on peut être poussé dans la doctrine qu'enseigne l'auteur du *Contrat social* : « Il y a, dit-il, *une profession de foi purement* » *civile, dont il appartient au souverain de fixer les articles ;* » non pas précisément comme dogmes de la religion, mais » *comme sentimens de sociabilité,* sans lesquels il est impos- » sible d'être bon citoyen, ni sujet fidèle. Sans pouvoir obliger » personne à les croire, *il peut bannir de l'État quiconque ne les* » *croit pas ;* il peut le bannir, non comme impie, mais comme » insociable, comme incapable d'aimer sincèrement les lois, » la justice, et d'immoler au besoin sa vie à son devoir. Que si » quelqu'un, après avoir reconnu publiquement ces mêmes » dogmes, se conduit comme ne les croyant pas, *qu'il soit* » *puni de mort ;* il a commis le plus grand des crimes : il » a menti devant les lois. »

Que faut-il penser, grand Dieu ! de ces sentimens de sociabilité, religieusement et politiquement inspirés aux hommes sous peine de mort !! Peut-être, Messieurs, vous refuserez-vous à croire que la France puisse jamais être exposée à subir cette législation philosophique ; mais comprenez-le bien que les grandes et terribles leçons de l'histoire ne soient pas perdues pour vous! Voyez ce qui se remue autour de vous, voyez la fermentation et l'aveuglement des esprits! si l'on veut pousser la puissance civile à envahir les droits de la puissance spirituelle, et si l'on persiste dans cette voie funeste, la conséquence sera inévitable : par l'effet même de la résistance nécessaire que l'Église catholique oppose à toute autorité qui ne vient que de l'homme, dans les choses qui intéressent et la foi, et la doctrine, et la discipline, il faudra que l'on arrive jusqu'à plonger notre religion dans cet état d'avilissement et de servitude où les catholiques irlandais gémissent depuis un si grand nombre d'années.

Puisse, Messieurs, le spectacle de ces malheurs, puisse la crainte de semblables périls toucher profondément vos âmes! que les plus graves méditations président au jugement d'intérêts si grands et si sacrés. Avant de faire un premier pas, avant de donner le premier exemple d'une si dangereuse usurpation, mesurez l'effrayante carrière que vous allez ouvrir, si vous faites aujourd'hui triompher une accusation qui semble n'être qu'un lâche sacrifice offert à des opinions ennemies, à des passions d'autant plus hautaines qu'elles sont moins raisonnables. C'est à vous qu'il est donné, en ce moment, de protéger et d'unir les antiques libertés de l'Église et les nouvelles libertés de l'État; ne respecterons-nous pas l'indépendance de cette sainte religion catholique, à qui seule est due la noble indépendance des nations modernes? Pouvons-nous oublier, dans nos injustes défiances, que l'esclavage a disparu partout où elle a porté ses lois, et que l'Europe lui doit l'heureux tempérament de ces institutions monarchiques, dont l'antiquité ne nous laissa point d'exemple! A qui osera-t-on faire un crime de vénérer, dans son cœur et dans ses paroles, cette grande puissance spirituelle qui, toujours vigilante pour les rois et pour les peuples, leur fait sans cesse entendre ces nobles enseignements, fondements sacrés de tout ordre, de toute dignité, de toute liberté dans les états : Peuple, obéis à ton Roi, il est l'image de Dieu sur la terre ; Roi , garde-toi d'oublier dans les pompes de ta grandeur que le dernier de tes sujets est ton frère.

BERRYER FILS.

Mᵉ Berryer ayant fini de parler, M. le président du tribunal demande à M. de La Mennais s'il a quelque chose à ajouter à sa défense. M. l'abbé F. de La Mennais prend la parole en ces termes :

« Messieurs, je n'ai rien à ajouter au discours que vous venez
» d'entendre. Seulement je dirai deux mots touchant les
» questions dogmatiques traitées dans mon écrit. Bien que la
» cour n'en soit pas juge, comme elles ont néanmoins servi de
» prétexte au procès qui m'est intenté, je dois à ma conscience
» et au caractère sacré dont je suis revêtu, de déclarer devant le
» tribunal, que je demeure inébranlablement attaché à tous les
» principes que j'ai soutenus, c'est-à-dire, à l'enseignement in-
» variable du chef de l'Église ; que sa foi est ma foi, sa doctrine
» ma doctrine, et que jusqu'à mon dernier soupir je continuerai
» de la professer et de la défendre. »

Jugement du tribunal.

A l'ouverture de l'audience du 22 avril , M. le président prononce le jugement en ces termes :

« En ce qui concerne la prévention de provocation à la désobéissance aux lois,

» Attendu que l'édit de mars 1682, enregistré au parlement de Paris le 15 du même mois, proclame la déclaration du clergé de France de 1682 loi générale de l'état, et que les quatre propositions qu'elle établit forment la base fondamentale de nos institutions politiques et de notre droit public en cette matière :

» Que cette déclaration constitue les libertés de l'église gallicane, et porte, dans sa première proposition, que saint Pierre, ses successeurs et l'Église même, n'ont reçu d'autorité de Dieu que sur les choses spirituelles, et non point sur les choses temporelles et civiles, et déclare, en conséquence, que les rois ne sont soumis à aucune puissance ecclésiastique, par l'ordre de Dieu, dans les choses qui concernent le temporel; qu'ils ne peuvent être déposés directement ni indirectement par l'autorité des chefs de l'Église, et que leurs sujets ne peuvent être exemptés de la soumission et de l'obéissance qu'ils leur doivent, ou dispensés du serment de fidélité :

» Que l'exécution de cette déclaration et de cet édit a été ordonnée par l'arrêt du conseil du Roi, du 24 mai 1766, qui défend à tous les sujets de rien soutenir, écrire, imprimer, qui soit contraire aux maximes et principes de cette déclaration, et qui puisse tendre à renouveler des disputes, ou faire naître des opinions différentes sur cette matière;

» Que cet édit et cette déclaration n'ont jamais été révoqués expressément et légalement, ni abandonnés dans l'usage : que leur exécution a été, au contraire, ordonnée dans divers actes de la puissance législative et du pouvoir judiciaire, et qu'aujourd'hui même les bulles ne sont publiées en France que sous la réserve des maximes, franchises et libertés de l'église gallicane;

» Qu'il ne s'agit ni d'examiner les propositions établies dans cette déclaration, et dont le clergé de France a été seul juge, ni de prononcer sur aucun dogme ou article de foi; mais de décider uniquement si l'édit du Roi, de 1682, relatif à la déclaration du clergé, telle qu'elle existe, a force de loi, ce qui constitue une question de droit de la compétence de l'autorité judiciaire, spécialement chargée de l'exécution des lois :

» Attendu que l'ouvrage ayant pour titre : *De la Religion considérée dans ses rapports avec l'ordre politique et civil,* dont l'abbé La Mennais s'est reconnu l'auteur, présente dans plusieurs chapitres, et notamment aux pages 23, 32 et 33, 100 et 101, 106, 107, 108 et 109, 114, 120, 121, 122 et 123, 128, 130 et 131, 135, 181 et 190, les caractères d'attaque directe et formelle à la déclaration de 1682 et à l'édit du 23 mars de la même année, ce qui constitue le délit prévu par les articles 1er, 3 et 6 de la loi du 17 mai 1819 : que l'abbé La Mennais, dans des écrits intitulés, l'un : *Quelques réflexions sur le procès du Constitutionnel et du Courrier,* et l'autre : *Aphorismata ad juniores theologos,* a professé les mêmes doctrines et attaqué ces mêmes édit et déclaration.

» En ce qui touche la prévention d'attaque à la dignité du Roi, à l'ordre de successibilité au trône, aux droits que le Roi tient de sa naissance, et autres mentionnés dans l'article 2 de la loi du 25 mars 1822 ;

» Attendu que les passages incriminés sont plutôt une attaque contre la déclaration de 1682, et par suite une discussion de la première proposition contenue dans cette déclaration, qu'une attaque directe, positive et actuelle contre le Roi, les droits qu'il tient de sa naissance, et l'ordre de successibilité au trône ; que le caractère de l'abbé La Mennais, ses opinions et ses sentiments religieux et monarchiques, ne permettent même pas de supposer l'intention d'un pareil délit ; renvoie l'abbé La Mennais de la plainte, sur le deuxième chef de la prévention.

Statuant sur le premier chef de la plainte :

» Attendu que les passages incriminés forment une très-petite partie de l'ouvrage ; que le surplus est employé à l'examen de questions théologiques, dont la discussion et la controverse sont permises, et ne sont pas de la compétence des tribunaux ; que le livre, par sa composition, ne peut être lu et apprécié que par les personnes instruites et éclairées ; que le caractère respectable dont l'abbé La Mennais est revêtu doit être pris en grande considération ;

» Faisant application des art. 6, 1 et 3 de la loi du 17 mai 1819, et de l'article 26 de la loi du 25 mai de la même année :

» Condamne l'abbé La Mennais à 30 fr. d'amende ;

» Ordonne que l'ouvrage ayant pour titre : *De la Religion dans ses rapports*, etc., par l'abbé La Mennais, sera saisi partout où besoin sera, par tous officiers de police judiciaire, légalement requis, en vertu du présent jugement ;

» Ordonne la destruction, au greffe du tribunal, des exemplaires qui seront saisis ;

» Ordonne que le présent jugement sera rendu public, conformément à l'article 26 de la loi du 26 mai 1819 ;

» Condamne l'abbé La Mennais aux dépens. »

RÉFLEXIONS

SUR L'ATTAQUE DIRIGÉE CONTRE M. L'ABBÉ F. DE LA MENNAIS,
PAR M. DUPLESSIS DE GRENÉDAN.

Comment ne s'est-il pas élevé, dans la chambre des députés, une seule voix pour l'abbé de La Mennais, quand le ministre des affaires ecclésiastiques a rejeté sur lui seul l'accusation de propager les doctrines ultramontaines, dont il vouloit disculper le clergé? Il faut savoir qu'on ne parle pas quand on veut dans le parlement français. On doit d'abord attendre son tour, règle fort juste, à l'observation de laquelle M. le président tient exactement la main. Or le temps de répondre est souvent passé quand le tour vient. Puis il n'est pas sûr de s'aventurer sans préparation sur des sujets sérieux. Enfin, quelque habile qu'on soit, il y a telles circonstances où l'on tenterait vainement de se faire écouter, quand on diroit des merveilles. Ainsi s'explique le silence des amis de l'abbé de La Mennais.

C'est donc lui que le ministre, pour se débarrasser de l'accusation, a chargé, comme la victime dévouée de tous les péchés commis par le clergé en matière d'*ultramontanisme*. Après avoir parlé de son *exagération*, de ses *écarts*, du *ridicule* même de quelques-unes de ses opinions, il l'a désigné nettement comme seul coupable : «Il n'y a qu'un seul homme, a-t-il dit, mais tous ses » ouvrages ont été bannis des séminaires, et toutes les précau- » tions ont été prises pour qu'ils ne puissent y pénétrer (1). »

On voit que les zélateurs des libertés de l'église gallicane, dont les plus nombreux et les plus ardents sont, sans contre-

---

(1) C'est ainsi que *la Quotidienne* rapporte ce passage ; et si ma mémoire est fidèle, c'est bien ce qui a été dit.

dit, les zélateurs de toutes les doctrines de la révolution, ont été bien rassurés par M. l'évêque d'Hermopolis, sur la contagion des principes de l'abbé de La Mennais. Qu'ils soient donc tranquilles : le venin subtil ne se glissera pas dans ces écoles où l'on forme la jeunesse, pour le ministère des autels. Toutes les avenues ont été bien fermées. Le feu du génie de l'illustre écrivain n'y pénétrera point pour y répandre ses vives lumières, y réchauffer les cœurs glacés, y troubler la paisible indifférence des âmes.

L'abbé de La Mennais venoit d'être déféré à la justice pour venger ces libertés, dont il avoit eu l'imprudence de médire : il avoit subi sa condamnation. Cet affront suffisoit, ce semble. Il eût été juste de s'en contenter, et de ne pas traduire encore le condamné devant la chambre des députés, où il n'avoit pas même le pouvoir de se défendre.

Cette modération de la part du prélat eût été d'autant plus à sa place, que, comme ministre du Roi, comme chargé des affaires ecclésiastiques, il n'avoit pu rester indifférent à l'accusation intentée contre l'abbé de La Mennais. On devoit donc supposer, ou qu'il l'avoit provoquée, ou qu'il avoit donné son consentement à la poursuite, ou qu'il avoit voulu, mais n'avoit pu l'empêcher ; toutes suppositions fâcheuses, puisque dans la plus favorable, le ministre des affaires de la religion n'auroit pas eu assez d'influence dans les conseils pour épargner au sacerdoce un indigne outrage, ni pour empêcher une violation manifeste des lois de l'état, dans la personne d'un des plus courageux et des plus puissants défenseurs de la foi. Si cela étoit, quel bien pourroit-on espérer de lui ? Quel mal seroit-il en état de prévenir ou de corriger ? Ne sembleroit-il pas placé dans le conseil, uniquement pour en autoriser les actes par sa présence, toutes les fois qu'il s'agiroit de religion ?

Quoi qu'il en soit, voilà donc l'abbé de La Mennais désigné comme l'apôtre des ultramontains, et aux pasteurs et aux fidèles, pour qu'ils se gardent du levain de ses doctrines, et aux tribunaux dont il a déjà éprouvé la justice, et à ceux qui savent faire, comme on l'a vu tout récemment, une justice beaucoup plus prompte des prêtres dévorés d'un zèle indiscret.

Et qu'est-ce donc que ce crime d'*ultramontanisme*, dont on fait si grand bruit? On voit d'abord que le mot est un diminutif de celui de *papisme*. Au fond l'un et l'autre signifient la même chose, conformité de sentiments et de doctrines avec le Pape.

Ce sont donc des sentiments et des doctrines conformes à ceux du chef de l'Église, dont on punit en France la profession par des peines correctionnelles, et dont un évêque a tant à cœur de garantir la jeunesse du clergé.

Mais c'est qu'ils sont contraires aux libertés de l'église galli-cane. — Et qu'est-ce que ces libertés de l'église gallicane ? — Écoutez monsieur l'évêque d'Hermopolis; il va vous l'apprendre.

— Ce sont « des questions purement théologiques, qui n'ont » pas été fixées d'une manière irrévocable par l'Église..... de » simples opinions qui ne forment pas des articles de foi..... » abandonnées aux disputes des écoles (1).... des maximes qui » n'ont jamais été condamnées..... des opinions parfaitement » libres » (2).

Et c'est pour avoir contredit ces opinions parfaitement libres, que l'abbé de La Mennais a été jugé et condamné. Le ministre, par sa définition, juge lui-même le jugement. Mais alors comment qualifier cet acte? Comment excuser le scandale qu'il a causé? Sous le ministère d'un évêque, un prêtre, que son caractère tout seul, sans parler de sa vertu, ni de l'éclat de sa réputation et de ses talents, devoit mettre à couvert de tels affronts ; un prêtre honoré au Vatican, est traduit en France sur les bancs de la police correctionnelle : sa cause est évoquée, au tour du rôle, avec toutes celles dont la licence des mœurs et les désordres du bas peuple remplissent tous les jours les audiences de ces tribunaux; les plus hautes questions de la théologie sont agitées dans ces

(1) *Moniteur*, n°. 149, feuille du 29 mai 1826, col. 2.

(.) *Ibidem*, col. 3.

salles étonnées de les entendre ; et des juges de police sont là pour les résoudre !

Mais ces opinions, parfaitement libres, et pourtant libres de cette manière, *nous sont chères*, dit monsieur l'évêque, *parce que nous les avons reçues de nos pères*. Belle raison assurément pour faire un titre de persécution des opinions contraires ! Et cependant monsieur l'évêque n'en donne pas d'autre.

Vraiment, il y en a une bien meilleure, nous dit quelqu'un. Elles ont été consignées dans une déclaration de prélats assemblés en 1682 ; et, par édit de Louis XIV, la déclaration est devenue loi de l'état. Quoi ! des opinions consignées dans une déclaration sont devenues des lois ? Et comment une opinion peut-elle être une loi ? Car si une opinion est une loi, il faut que cette loi soit une opinion, et si elle est une opinion, elle est autre chose qu'une loi ; elle n'est donc pas loi. Puis une opinion, si respectable qu'elle soit, peut être vraie ou fausse, c'est-à-dire être ou n'être pas ; et, si elle est loi, c'est aussi une loi vraie ou fausse, qui est ou n'est pas. Qu'est-ce que tout cela, sinon incohérence et absurdité ?

Direz-vous : Ce n'est pas la déclaration des prélats, c'est l'édit du roi de France, qui est une loi : or, l'édit ordonne de professer la déclaration, défend de la contester. — Ordonner de professer, c'est obliger de croire ; mais obliger de croire n'est pas de la compétence des lois civiles. Qui peut commander la foi que Dieu seul ? La loi peut-elle défendre de contester telle ou telle opinion, c'est-à-dire de soutenir des opinions contraires ? Si vous dites qu'elle le peut, que devient alors l'article 8 de la charte ?

Cet article porte que « Les Français ont le droit de publier et » de faire imprimer leurs opinions. » Le jugement dit, au contraire, que l'édit, publié cent trente ans avant la charte, *défend de soutenir, écrire et imprimer rien qui tende à faire naître des opinions différentes de la déclaration*. Conciliez donc ces contradictions, ou renversez la règle, *posteriores derogant prio-*

ribus, disant que les lois anciennes dérogent aux lois récentes, qui leur sont contraires.

La charte dit encore : Chacun professe sa religion avec une » égale liberté. » Et vous dites, vous : Oui, excepté ceux qui rejettent la déclaration de 1682. Qui vous a donné le droit d'établir cette exception, et encore de l'établir pour ceux-là seulement qui rejettent la déclaration comme schismatique ? Car, pour ceux qui la rejettent comme absurde et vide de sens, tels que les mahométans, les juifs, les protestants, vous n'êtes sûrement point en peine de leur faire leur procès. Est-ce pour eux seuls que seroit établie cette liberté de religion ?

» Chacun obtient pour son culte la même protection. » C'est encore le texte de la charte. Appelez le mien *ultramontanisme* ou *papisme*, comme vous voudrez. Toujours est-il que je suis compris tout comme un autre dans ce mot *chacun*; et mon culte, quand je serois tout seul à le professer, est aussi désigné par ces mots, *son culte*. Comment donc le protégez-vous ce culte, qui n'est pas seulement le mien, mais celui du chef de l'Église, et, sans aucun doute, celui de la plupart des églises particulières ? Vous saisissez et vous détruisez les livres où j'en expose les doctrines. Pour les avoir publiés, ces livres, vous me traduisez dans vos tribunaux ; et, désobéissant vous-même aux lois, par le seul fait de votre accusation, vous me condamnez comme coupable d'avoir excité les citoyens à leur désobéir !

Cessez donc de tant parler de cette charte que vous donnez pour le *palladium* de la France, puisqu'après un tel exemple le moindre des tribunaux civils pourra s'élever au-dessus quand il voudra.

Disons plutôt, que ce jugement est non-seulement un scandale pour l'Église et un opprobre pour le sacerdoce, mais une violation coupable des lois de l'état ; et si M. l'évêque d'Hermopolis n'a pas à se l'imputer à lui-même, il auroit bien mieux fait de s'en disculper que de l'aggraver encore en dénonçant à la France celui qui l'a subi injustement.

Vous avez, monseigneur, vous avez, croyez-moi, d'autres

ennemis à combattre que ceux qui attaquent ces opinions li-
vrées, comme vous le dites, aux disputes de l'école, et qui ne
sont ni ne peuvent être loi en France, ni nulle part, pour cela
seul qu'elles sont des opinions. Quand la guerre est déclarée à
toute autorité sur la terre, quand l'esprit d'indépendance et de
révolte, fermentant chez tous les peuples, d'une extrémité du
monde à l'autre, ici renverse les trônes, là les ébranle, partout
les attaque ou les menace : c'est contre les entreprises des Pápes
et les foudres de Rome que vous songez à les protéger ; c'est
contre les défenseurs même de la première des autorités que
s'exerce votre zèle !

Lorsque tant d'opinions et de systèmes destructeurs de tout
ordre sont tolérés, ne sauroit-on tolérer aussi ceux qui tendent
à resserrer l'autorité dans l'Église, à ramener tout à l'unité,
qui est la perfection de l'ordre et la consommation des desseins
éternels, à maintenir la paix entre les rois, comme entre les
rois et les peuples ?

Eh quoi ! tout récemment encore, à la tribune même de la
chambre des députés, n'ai-je pas entendu parler de protection
pour l'athéisme publiquement déclaré (1) ? Hélas ! tout culte
est protégé sans doute, jusqu'au culte du néant. Croyez, ensei-
gnez, publiez tout ce que vous voudrez ; bien plus, ramassez
les impiétés et les blasphèmes publiés dans tous les temps,
grossissez le recueil de tout ce que la volupté a pu inventer
pour corrompre les mœurs des hommes, répandez-le par milliers de volumes, infectez-en jusqu'aux dernières classes de la
société, on pourra vous le pardonner, on se taira, on fermera
les yeux. Mais n'allez pas dire que le Vicaire de Jésus-Christ
sur la terre est au-dessus des rois ; que cette puissance spirituelle, qui ne s'exerce point par les armes au dehors, mais
dont toute la vertu est dans le fond des consciences, dans la foi
et dans la libre volonté des hommes, est supérieure à toute

____

(1) Séance du 25 mars 1826. *Moniteur* du 28, numéroté 86 et 87, page
391, col. 3.

puissance temporelle et devroit tout régir dans le monde. Mille adversaires s'élèveroient contre vous. Les champions de toutes les libertés s'agiteroient en fureur, croyant déjà le peuple détrôné : les rois porteroient la main à leur couronne, des flatteurs empressés se serreroient autour d'eux et armeroient la justice de toutes pièces pour les défendre. Dans le tumulte, on verroit jusqu'à des prélats accourir épouvantés, des cardinaux, oubliant la pourpre qui les décore, s'approcher du trône en tremblant, et dire : Ah ! Sire, n'allez pas croire que ce soit nous qui disions de telles hérésies !

DUPLESSIS DE GRENÉDAN ,
député d'Ille-et-Vilaine.